知っておきたい

Common knowledge of money

お金の常識

ライトミステリーを
読んで簡単に身につく

Kazuhiro Shibuya
渋谷和宏

角川春樹事務所

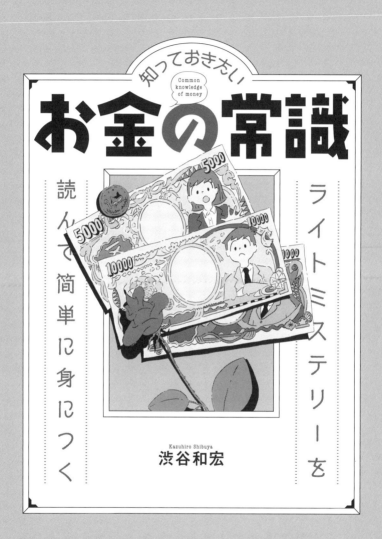

はじめに

親に初めて小遣いをもらった時から、お金との付き合いは生涯にわたり続きます。充実した日々を送り、幸せな人生を歩むには、お金との上手な付き合いが欠かせません。コロナ禍で経済・社会活動に制約がかかり、仕事や生活、収入などの面で以前より先を見通しづらくなっている今はなおさらでしょう。しかし、ほとんどの人にとって、お金の使い方や貯《た》め方など、お金との上手な付き合い方を体系的に学ぶ機会はなかなか得られないものでした。

本書は、コロナ禍を乗り切るための、お金との上手な付き合い方をやさしく例示した実践的な入門書です。

スポーツでも勉学でもスランプに陥ったり想定外の事態に見舞われたりした時には、まず基本に立ち返ることが大事でしょう。お金との付き合いも変わらないはずです。非常時の今、とりわけ大切なのは、最新の情報を踏まえたお金についての基本的な常識や、節約や運用を行ううえでの実践的な知識にほかなりません。本書は、それらをビジネスパーソンにとどまらず、主婦や学生の方も含めて幅広い層の人たちに届けたいという思いから生まれました。

とはいえ、いくら基本や実践と言っても、お金についての説明にはどうしても数字や耳慣れない言葉がついて回ります。また頭で理解しても、実感が伴わなければなかなか身に付くものではありません。

本書ではこれらの問題・課題を解決するために「物語」を活用します。

各話に、主人公たちが身の回りで起きるお金についての謎を解いていくミステリー仕立ての短篇《たんぺん》小説を配し、エンタテインメントを楽しみながら基本と実践を会得できるように構成しました。

一話完結のミステリーには毎回、お金のことで悩んだり迷ったりしている等身大の人物が登場します。ぜひ彼らの身になって、お金との付き合いの難しさや解決法などの「勘所」を体感してください。そして、それを踏まえて各話の終わりに掲載した「解説」で要点を押さえていただければと思います。


本文に入る前に、「物語」の登場人物と舞台設定を紹介しておきましょう。

主人公は、天ノ川京《あまのがわきょう》（33）と天ノ川明日美《あすみ》（34）の夫妻です。

京はマネー誌の編集者兼記者ですが、推理小説が大好きで推理作家を目指しています。編集者兼記者にしてはやや人見知り、優しい性格の持ち主で、妻の明日美に振り回されてばかりいます。

明日美はフリーのファイナンシャルプランナーを務めており、周辺で起きるお金の謎にことごとく首を突っ込みたがる好奇心旺盛な性格です。

そんな主人公たちが、明日美のクライアントやその家族らの間で起きるお金の謎を解いていきます。

ただし、事件は「宝探し」や「精神的な不調の原因探し」など日常的な出来事が中心で、殺人犯や強盗のような凶悪な人物は登場しません。また舞台となるのは、コロナ禍とは無縁ではないものの、基本的には穏やかな時間が流れる平和な郊外の街です。物語からは殺伐とした空気をいっさい排除しました。どうか安心して、お金のミステリーを楽しんでいただければと思います。

そしてコロナ禍に負けない、お金との上手な付き合い方を体得していただければ、著者としてこれに勝る喜びはありません。

渋谷和宏

パート2 お金の増やし方

パート3
お金の未来

パート1

【 お金の基本 】

第1話

「老後にいくら必要」は意味がない 年金に頼れない時代の「自分視点」

「もはや年金はあてにならない」は残念ながら現実になりかけている。その一方でよく耳にする「老後にいくら必要」の台詞《せりふ》も実はあまり意味がない。金融庁の「老後に自己資金二千万円必要」もその一つだろう。必要なのは「自分にとっていくら必要か」という自分視点だ。では「自分視点」を得る簡単な方法とは?

春の夜だというのに体感温度が三十度近い暑熱に押し潰されそうになりながら、ようやく自宅に帰り着いた天ノ川京（33）はマスクと眼鏡を外し、長いまつ毛からしたたり落ちる汗をハンカチで拭った。

一息ついてからマンション一階のドアノブに鍵を差し込む。

その瞬間、ドアが内側から勢いよく開き、妻の明日美（34）が大きな瞳を見開いて夫を出迎えた。

片方の腕で愛猫のソフィーを抱き、唇を嬉《うれ》しそうに逆への字形に曲げている。こんな時、明日美の次の言葉は決まっていた。

「京ちゃん、あたし、すごーく面白い話を聞いたの！」

「明日の朝でいいかな？　もう遅いし、昨晩もあまり寝ていないんだ」

京は出版社でマネー雑誌「マネーライフ」の編集者を務めている。

今週に入ってから五月号の編集作業の追い込みで毎日、編集部に出社していた。金曜日の今日、すべての編集作業を終え、疲れ切って帰宅したのだった。

「そんなことを言っちゃっていいのかな？　謎めいた話なのよ」

明日美が誘惑する目をした。

「話してくれたのは坂下《さかした》香織《かおり》（32）さんという町内の方で、あたしのお客様なの。ほら、二丁目の角にマンションがあるでしょう？　そちらに住んでいる主婦の方よ。いつものように京ちゃんに話してもいいという許可はいただいているから安心して聞いてね」

　明日美はフリーのファイナンシャルプランナーをしている。そのクライアントから話を仕入れてきたというのだ。

「香織さん、ご主人の望《のぞむ》（36）さんの様子が最近とてもおかしいと言うのよ。このところ毎晩、深夜になると書斎に閉じこもって、ノートパソコンで何やら作業しているんだって。ある晩、香織さんが部屋に入っていったら、慌ててノートパソコンを閉じて、画面を見せまいとしたそうよ。それだけじゃないの。望さん、どうやらそれで密《ひそ》かにお金を稼いでいるらしいんだって」

　京の眠気が覚めた。推理小説を愛し推理作家を目指している京は謎の香りを嗅ぐともう我慢できない。

「どうする？　この続きは明日の朝にする？」

「明日美、意地悪な質問しないでくれよ。僕の人生に必要なのは君とお金と謎だといつも言っているだろう？」

　京は鞄《かばん》を靴箱の上に置き、バスルームに飛び込んだ。一刻も早く明日美の話を聞きたかったが、「外出から帰ったらバスルームに直行」はコロナ用心のための二人の取り決めなのだ。

「香織さん、ご主人の望さんが密かにお金を稼いでいる証拠を見つけてしまったと言うのよ」

　明日美はハーブティーを飲みながら続きを話した。

「望さんは今、週に二日、出勤しているんだって。それで先日、望さんが会社に遅れまいとあたふたと出社した朝、香織さん、望さんの部屋に入ってデスクの周りをそれとなく調べてみたそうなの。そうしたら書類の間に定期預金の通帳が挟まっていて、数万円単位のお金が数回にわたって振り込まれていたそうよ。香織さん、もしかしたら望さんが良からぬことをしているんじゃないかと不安になってしまったんだって」

「良からぬことって？」

「ネットを使ったフィッシング詐欺とか」

「まさか」

「もちろん香織さんも夫がそんなことをするはずはない、と信じているわ。でも一方で不安を拭い切れないいんだって。というのも望さん、最近、人が変わったみたいに深刻な顔で考えごとをするようになってしまったそうなの。ねえ、京ちゃん、その細腕を貸してくれない？　あたし、大切なお客様に安らかな眠りをプレゼントしたいの。香織さんのお腹《なか》には赤ちゃんがいるのよ。だからなおさらそう思うの」

　翌週、京は明日美に連れられて、坂下夫妻が住む南欧風のしゃれたマンションに赴いた。

今日は望の出勤日で、在宅しているのは香織だけだという。

二人を部屋に招き入れた香織はベランダ側の窓を開け、「京さんのことは明日美さんからよくうかがっています。とても心強いわ」と目を細めた。頬がふっくらした明るい印象の女性だ。

「望さんのことで他に何か不審に思われることはありますか？」

京の質問に香織は視線を揺らした。マスクをしていても顔を曇らせたのがわかる。

「最近、土曜日の午後二時ごろになると、どこに行くとも言わずに一人でどこかへ出かけていってしまうんです」

京と明日美は顔を見合わせた。香織が心配するのも無理はない。望は明らかに何か隠し事をしているのだ。

「ちなみに望さんのお仕事は？」

「会計事務所で事務をしています」

「そちらの仕事ではないんですね？」

「夫はふだん土、日は休みなんです。それに仕事だったら、そう言うはずです」

土曜日の午後、京のスマホに香織からのショートメールが届いた。

『夫が今、部屋を出ました』

京は腕時計を見た。午後二時前、香織が言っていた通りの時刻だ。

ほどなく三十代の小太りの男性がマンションの玄関から出てきて、強い日差しに顔をしかめながら歩き出した。京は運転席の明日美に声をかけ、マンション前に停《と》めた車を下りて望の後をつけた。

望はゆったりした足取りで商店街を希望が丘駅の方へと向かう。五分ほど歩き、駅にほど近い雑居ビル一階のカフェに入っていった。

数秒の間を置いて、京も店内に入った。望は壁際に座っている四十代くらいの男にうながされ、男の向かいの席に腰を下ろすところだった。男は短い髪を茶色に染め、アロハシャツを着ていて、遊び人風にも見える。

近くの席に座った京はアイスコーヒーを頼み、二人の会話に聞き耳を立てた。

店内の物音で途切れ途切れにしか聞こえないが、「売り上げ」「手数料」といった言葉が耳に飛び込んでくる。

二人は〝ビジネス〟の話をしているらしい。時おり「クレイジーラボラトリー」という固有名詞も聞こえてくる。「クレイジーラボラトリーさんから回していただけるなら……」と望が「さん付け」しているところからすると、どうやら相手の男の会社名のようだ。「クレイジーラボラトリー」という名前もまた何だか怪しい匂いがする。

翌週、京は望の出勤日を選んで明日美とともに再び坂下家を訪ねた。

香織に案内され望の部屋に入った京は、書類に埋もれたノートパソコンを開いた。望が毎晩パソコンを使って何をしているのか、中を覗《のぞ》いて調べるのだ。

誉《ほ》められた手口ではないが、思いついた中では最も手っ取り早く、また確実な手段に思えた。京はマネー誌に異動になる以前はパソコン誌の編集部にいたので、機器の操作には慣れていた。

京はポケットからメモ書きを出し、パソコンを起動するために必要なパスワードを打ち込んだ。香織から教えてもらった望の誕生日や出身地、よく行くレストランの店名などを手掛かりに、望が考えつきそうなパスワードを記しておいたのだ。

一つ目も二つ目も「パスワードに誤りがあります」のメッセージが出た。三つ目を打ち込もうとしたその時、

「何をしているんですか⁉」

野太い男の声がして、京の全身が硬直した。

「あなた……どうして帰ってきたの？」

望はひんやりした視線で香織を見下ろした。

「誰かが僕のパソコンを無理矢理使おうとしたり、ネットで不正にアクセスしようとしたりした時、スマホの警報が鳴るように設定しておいたんだ。香織、一体どういうことなの

か説明してくれないか？」

「香織さん、望さんのことを心配しているんです」

明日美が言った。

「毎晩遅くまでパソコンで作業していて、もしかしたら良からぬことをして稼いでいるんじゃないかって」

「副業をしていたんですよ。家計の足しにアプリの開発を手伝っていたんです。香織にはある程度お金が貯まってから打ち明けるつもりだったんです。喜ばせようと思ってね」

「そうするとカフェで会っていたクレイジーラボラトリーという会社の人は？」

「クレイジーではなくてクラッシー、一流とか上品なという意味です。規模は小さくても一流のアプリを開発できるような会社にしたいという思いを込めて、僕の元同僚が五年前に起業して設立したんです。僕が会っていたのはその元同僚ですよ」


「一件落着ね」

坂下家からの帰り道、明日美が言ったが京は返事をしなかった。すっきりしないのだ。望はなぜ副業を始めたのだろう。

それに望の顔色が、何だか良くない気がした。

四月初めの金曜日、汗を拭いながらマンションに帰ってきた京がドアを開けようとした瞬間、いきなりドアが内側から開いて、

「大変なことになっちゃったの！」

明日美が大きな瞳を見開いて言った。

「さっき香織さんから電話があって、望さん、会計事務所の仕事でミスして譴責《けんせき》処分になってしまったんだって。他の職員が何日もかけてコンピューターに打ち込んだ顧客企業の決算データを誤って消してしまったそうなの。二週間近く睡眠時間を削って副業に集中していたせいで疲れが溜《た》まり、集中力を欠いてミスしてしまったんだって。それだけではないの。望さん、ミスが発覚した直後に体調を崩して、朝布団から起きられずに無断欠勤してしまったらしいのよ」

「何としてでもお金を貯めなくてはいけないと思ったんです」

翌日、坂下家のマンションを訪ねた京と明日美に望は弁解するように言った。

「なぜそうまでしてお金が欲しかったの？」

「そうよ！　あたしたち、お金に余裕がまったく無いわけではないでしょう？」

望は明日美と香織の責めから逃れようとでもするかのように、ソファの上に乗せた両脚を両腕で抱えて小さく丸まり、

「『老後二千万円問題』ですよ」

と言った。

「『老後二千万円問題』って、金融庁が発表して大騒ぎになったリポートね」

明日美がきょとんとする香織に説明した。

「金融庁が老後の家計について試算したのよ。『男性が六十五歳以上、女性が六十歳以上の、夫婦のみ、無職の世帯では、平均すると、公的年金が中心の毎月約二十一万円の収入に対して、支出は毎月約二十六万五千円となり、月に約五万五千円の赤字になる。この結果、その後二十年生きるなら生涯で合計約千三百万円、三十年生きるなら約二千万円も家計が赤字になってしまう。しかも今後、企業の退職金は金額も、支給する企業自体も減っていくと予想されるので、赤字額はさらに広がる可能性がある……』」

「それですよ！　それを聞いて、このままではやはりダメだと思ったんです。これから生まれる子どものことを考えると、ここで僕が副業を始めない限り老後までに二千万円貯まらないって」

「そういうことだったんですね」

京は言った。

「新聞や雑誌は『このままでは年金制度はもうもたない』『将来、年金の支給額が減らされてしまうかもしれない』と報じています。そこにさらに『二千万円も家計がマイナスになってしまう』と脅かされて焦りに駆られたんですね」

「でもそこには落とし穴があるのよ」

明日美が言った。

「金融庁に限らず、どこかにいそうな平均的モデル世帯を設定して『いくら必要だ』『いくら足りない』などと指摘する家計の試算はよくあるけれど、それを物差しにして私たちの老後・未来を考えると、大切なことを見失い、判断を誤ってしまいかねないわ」

望が怪訝《けげん》な顔をした。

明日美は続ける。

「例えば『二千万円不足』という金融庁の試算は、家計調査の平均値から割り出した数字が根拠になっているの。家計調査によれば、男性が六十五歳以上、女性が六十歳以上の夫婦のみ、無職の世帯では、毎月の支出は平均で約二十六万五千円だそうよ。金融庁は、この約二十六万五千円という平均支出額に対して、『公的年金を中心とする毎月の収入約二十一万円では月に約五万五千円の赤字になり、今後二十年生きるなら月五万五千円×十二カ月×二十年で約千三百万円、三十年生きるなら月五万五千円×十二カ月×三十年で約二千万円が不足する』と試算したの。でも、男性が六十五歳以上、女性が六十歳以上の夫婦のみ、無職の世帯は、皆が皆、毎月の支出は約二十六万五千円かしら」

「それは人それぞれでしょう？」

「その通りよ」

明日美が望に向かってうなずいた。

「考えてみればすぐにわかることだけれど、実際にかかる生活費は収入やライフスタイル、趣味、居住地、価値観などで、一人一人、一世帯一世帯すべて異なるわ。どんな老後を送りたいか、何を優先したいかはそれこそ千差万別だからよ。ということはつまり……」

明日美は一拍置いて続けた。

「老後には毎月いくらかかるのか、それに対して収入はどうか？　これらは一人ずつ、一世帯ずつ、収入やライフスタイル、趣味、居住地、価値観などを踏まえて個別に考えてみなければわからないのよ」

「一人ずつ、一世帯ずつ……」

望と香織が口を揃《そろ》えた。

「『一人ずつ』『一世帯ずつ』がお金との付き合い方の基本なの。家計の管理にしても、月々の貯金額にしても、運用・投資の方法にしても、大切なのは『自分視点』なの。お金と上手に付き合うとは『自分視点』を身に付けることで、モデル世帯のような『他人の物差し』をあてはめることではないのよ。ついでに言えば金融庁が『このままだと老後に二千万円足りなくなってしまう』という試算を発表したのには、ある意図が込められていたの。『そうならないためにも投資信託などで積極的に運用しましょう』と言いたかったのよ。つまり貯蓄から投資へと一般の人たちを誘いたい意図があったの。でも投資信託での運用が本当に必要かどうかは、収入やライフスタイル、趣味、価値観などを踏まえて個別に考えてみなければ判断を下せないわ。これ一つとってみてもモデル世帯による試算の危うさがわかるわよね」

「それにしても望はなぜ一人で貯めなければならないと思ったの？」

香織が望に聞いた。

「だって君、子どもが生まれたら翻訳の仕事はやめると言っていたじゃないか」

「やめるだなんて言っていないわよ。あたし、しばらく休むと言ったの。仕事をやめるつもりはないわよ」

「望さん、老後にいくら必要になるのか、どれだけ貯めた方がいいのか、計算する前に香織さんといろいろ話し合ってみることね。香織さんはいつごろ仕事に戻るつもりなのか、子どもが生まれて毎月の支出はどう変わりそうなのか、ざっくりとでいいから具体的なイメージを描いてみて、それを共有するのよ」

明日美は言った。

翌週の週末、京と明日美は久しぶりにショッピングモールに買い物に出かけた。

コロナの感染が蔓延《まんえん》していた時よりもだいぶ落ち着いていたためだろうか、店内は一カ月前に来た時よりもずっと賑《にぎ》やかだった。

モール内をそぞろ歩きしていた京と明日美は雑貨店の店先に坂下夫妻がいるのを見つけた。望と香織は同時にこちらに気づき、笑顔で会釈した。

「イメージの共有は進んでいますか？」

京の質問に望は、

「それはもちろん」

とうなずいた。

「そうそう、副業のアプリ開発、週に二日だけと決めて続けることにしました。仕事自体は面白いですからね」

望は血色の良い顔に笑みを浮かべた。

第1話
お金と付き合う基本「自分視点」

天ノ川明日美は、金融庁が発表した老後の家計についての試算に衝撃を受け、老後までに二千万円を貯めようと副業を始めた坂下望に言いました。

「『一人ずつ』『一世帯ずつ』がお金との付き合い方の基本なの。お金と上手に付き合うとは『自分視点』を身に付けることで、モデル世帯のような『他人の物差し』をあてはめることではないのよ」

今さら聞けないお金の基本――第一条はまさにこの「自分視点」です。

月々いくらの収入があるのか？　支出はどうか？　何歳まで働いて、老後にはどんな生活を送りたいのか？

それらを踏まえておおまかな老後の支出を想定し、そこから逆算して月々の貯金額や運用方法を決めていくのです。

もちろん将来のことですから想定通りにいくとは限りません。とりわけ三十代、四十代の人にとっては、老後は二、三十年も先ですから、漠然としたイメージしか持てないかもしれません。それでいいのです。今、現実的に可能だと思える、こうありたい老後の生活を想定して、年齢とともに修正していけばいいのです。

その際、繰り返しになりますが、平均的モデル世帯を設定して「老後にはいくら必要だ」「いくら足りなくなる」と試算するシミュレーションは、あくまで一つの参考指標として横目で眺める程度にとどめておきましょう。なぜなら、それらのシミュレーションは、**調査対象世帯の収入や支出の平均値**[注1]に基づいていようが、**中央値**[注2]に基づいていようが、あくまで抽象的な仮説に過ぎないからです。

私たち一人一人、一世帯一世帯の具体的な暮らしぶりや生活は、それぞれの収入やライフスタイル、価値観、居住地などですべて異なります。その意味では抽象的な平均値や中央値に基づいたシミュレーションは架空の数字だと言っても過言ではないと思います。

また資産運用・投資については様々な人が様々な意見を言います。中には「株は怖いよ」「バブル崩壊がトラウマ（心の傷）になってしまった」などと言う人があなたの周囲にもいらっしゃるかもしれません。これらも右から左に聞き流しましょう。あくまで他者の意見や感想に過ぎないからです。収入やライフスタイル、価値観などが異なる他者の意見を鵜呑《うの》みにはできません。「株は怖いよ」という指摘にしても、もしかしたらリスクを取りたくない（あるいは取

注1：平均値とは調査対象者の収入や支出をすべて足して、調査対象者の数で割った値

注2：調査対象者の収入や支出を最も少ない額から最も多い額まですべて並べて、ちょうど真ん中にきた値

れない）言い訳として、バブル崩壊の悪夢を強調しているのかもしれません。

そして、ご家族がいらっしゃる方は、将来の生活についてぜひ話し合っていただいて、愛するパートナーや家族も含めた「私たち」のための月々の貯金額や運用方法を決めてください。「私たち」のためのお金だと考えると、より冷静に、かつ長期的な視点で判断を下せるようになるはずですよ。

パート1

【お金の基本】

第2話

お金を貯める基本中の基本は「七パーセントルール」を守ること

一人ずつ一世帯ずつ収入やライフスタイル、価値観などは異なっていても、お金を貯める基本中の基本は「七パーセントルール」を守ることだ。収入のうち毎月、少なくとも七パーセントを残すように生活を見直し、支出を管理して、リスクの低い金融商品で運用する。一般的な収入の二十〜四十代の世帯ならこれだけで老後の蓄えは十分に残せる。

「すごーく謎めいた話なの」

明日美が言い、京は膝を乗り出した。

金曜日の今日、京はパソコンを使い、エコノミストやデイトレーダーへのリモート・インタビューを五件もこなした。

いい加減、話し疲れ、聞き疲れていたが、謎の香りを嗅いだ途端それらはどこかに吹き飛んだ。それに時刻はまだ午後九時過ぎ、ベッドに横になるまでには時間はたっぷりある。

「話してくれたのは、逢坂恵美子《おうさかえみこ》（63）さんというあたしのお客様で、町内のご自宅で着付け教室を開いているとても聡明《そうめい》な方よ。恵美子さんは、大手鉄鋼メーカーの役員を務めた夫の律夫《りつお》（68）さんとともに悠々自適の生活を送っていたんだけれど、お家《うち》の和室の床の間に飾っていた大事な日本画が突然消えてしまったと言うの」

「消えたというのは、つまり、無くなっていたんだね」

「その通りよ。しかもその消えた日本画は律夫さんが先月、購入した緒方白鷗《おがたはくおう》の富士山絵で、千数百万円もの価値があると言うの」

美術に疎い京でも緒方白鷗の名前は知っていた。世界的にも知られた日本画家で、数年前に亡くなる直前には人間国宝に選ばれたはずだ。

「それでね、ここからが肝心なんだけれど、恵美子さんによると空き巣が入った可能性はないと言うのよ。日本画が無くなった日は、恵美子さんも律夫さんもずっと家にいて、誰かが侵入しようとしたら絶対に気配でわかったはずだと言うの。というのも玄関にも勝手口にも用心のためにベルが取り付けられていて、どんなに静かにドアを開けても音がするんだって」

「つまり……」

京は明日美の話を整理した。

「その日、誰も家に入らなかったのに、床の間に飾っていた緒方白鷗の絵が忽然《こつぜん》と消え失《う》せていた――そういうことだね」

「いえ、正確に言うと、一人、家に出入りしていたそうなの。恵美子さんによれば、その日、息子の栄一《えいいち》（36）さんが短い時間だけど家を訪ねてきているんだって」

「息子さんは何のために立ち寄ったのだろう？」

「さあ、恵美子さんはそれについては何も言っていなかったわ」

「気になるね」

「ただ恵美子さんによれば、念のために栄一さんを問いただしたけれど、栄一さんは『日本画を持っていったりしていない』ときっぱり否定したそうよ。ねえ、京ちゃん、その細腕を貸してくれない？　あたし、大切なお客様に安らかな眠りをプレゼントしたいの」

日曜日の午後、京は明日美に連れられて、なだらかな坂を上り切った高台の閑静な住宅街にある逢坂家を訪ねた。

二人を出迎えた恵美子は明日美の言う通り、広い額と優しい声が印象深い女性だった。

二人はリビングルームに通され、しばらくして律夫が部屋に入ってきた。マスクの上の両目は強い光を発しており、頑固で自己主張が強そうだ。

「はじめまして、私は……」

自己紹介しようとした京に、

「東経ビジネス社に勤めているんだって？」

と律夫が聞いた。

「あ……はい」

「角山《かどやま》くんは元気かな。彼が鉄鋼担当の記者だったころ、よく私のところへ取材に来たよ。今、専務になったんだっけ？」

「あ……はい」

「あなた、お二人は今日、日本画のことで見えたんですよ」

「わかっているよ。あれは息子の栄一が持っていったに決まっている」

「なぜそう思われるのですか？」

「和室に入って日本画を壁から取り外し、外に持ち出せたのは栄一しかいないからさ」

「息子さんがいらっしゃった時のことを詳しく教えていただけますか？」

律夫は京の頼みにうなずき、

「君から話してくれないか」

と恵美子に言った。

恵美子は記憶をたぐりながら、二人に当時の様子を説明した。


その日――一週間前の日曜日の午後二時過ぎ、栄一は久しぶりに実家である逢坂家を訪ねてきたという。

実は栄一は律夫と折り合いが悪く、独身でまだ実家にいたころにはよく衝突したらしい。結婚し、新居を構えてからも父子の関係はぎくしゃくしていた。

その栄一が実家に顔を見せたのは、恵美子が呼んだからだった。恵美子は和室の天井近くにある押入れの奥から和服を数点、取り出してほしいと栄一に頼んだのだ。

「こちらに来られてからの栄一さんの行動はいかがでしたか？」

京はポケットからメモ帳を出し、恵美子に聞いた。

「特に変わったところはなかったわ。呼び鈴が鳴り、あたしが玄関で栄一を出迎えたら、あの子、すぐに和室に行こうとしたから、『たまにはお父さんと話をしたら？』と言ってリビングルームに通したんです」

「律夫さんはリビングルームにいらっしゃったんですね。栄一さんとはどのようなお話をされたんですか?」

「どんな話をしたかな」

「どうせ二人ともほとんど口を利かなかったんでしょう? あたしがお茶をいれてリビングルームに戻ってきた時には二人とも、押し黙っていたじゃない」

京は恵美子に視線を向けた。

「恵美子さんは二人をリビングルームに残して、しばらくキッチンにいらっしゃったのですね?」

「そうよ、お湯を沸かしていたの」

京はうなずき、質問を続けた。

「そして恵美子さんが出したお茶を飲んだ後、栄一さんは和室に行かれたのですね?」

「ええ、あたしと栄一とで和室に入ったの。あたしは和服のある場所を栄一に教えて、またこちらに戻ってきたわ」

「ということは栄一さんは一人で和室にいらっしゃったのですね。時間にしてどのくらいですか?」

「そうねえ、十分……十五分くらいかしら」

「栄一さんは、恵美子さんから頼まれたことをし終えた後、どうされましたか?」

「すぐに帰っていったわ。娘を英会話学校に連れていかなければならないとかで」

「その後だ」

律夫が言った。

「栄一が帰ってから三十分ほどして私が和室に入ったら、緒方白鷗の富士山絵が無くなっていたんだ。犯人は栄一に決まっている」

「でも栄一は帰る時も手ぶらだったわよ」

「本当か？　記憶違いじゃないのか？」

「あなたはあたしが一週間前のことさえ覚えていないと言うの？」

「あの……律夫さん」

京が割って入った。

「仮に栄一さんが緒方白鷗の富士山絵を持ち出したとして、何のためにそんなことをしたのでしょうか？　律夫さんには心当たりがあるのですか？」

「それはお金が欲しいからに決まっていますよ。あいつは若い頃から見栄《みえ》っ張りの浪費家で、分不相応なスーツやグルメに給料を使ってしまっていました。今も一緒でお金が足りていないんですよ」

「結婚してからはあの子も変わりましたよ」

「どうだか。私が昔から口を酸っぱくして『七パーセントルールを守れ』と言ってきたのに、あいつは一度として聞く耳を持たなかったじゃないか」

「七パーセントルールとは何ですか?」

明日美が聞いた。

「お金を貯めて、資産を形成する一つの方法ですよ。収入のうち毎月七パーセントを使わずに残し、そのお金をリスクの低い金融商品で運用するんです。一般的な収入の二十代から四十代の世帯なら、これだけで老後の蓄えだって十分に残せます。実際に私が勤めていた鉄鋼メーカーではこの七パーセントルールが推奨されていたんです。あいつはそれをはなから馬鹿にして、お金を使いたいだけ使っていた。それが今でも続いているんですよ」

律夫は「あいつは昔も今も変わっていないんです。変わってくれるんじゃないかと期待していた私が甘かったんです」と吐き捨てるように言った。


午後三時ちょうど、希望が丘駅直結のホテルにあるカフェテリアに栄一がやってきた。大柄で髪を短く刈った風貌は、恵美子が教えてくれた通りだった。恵美子に連絡先を聞き、逢坂家を辞した京と明日美は栄一に電話を入れたのだ。

「父と母がご迷惑をおかけしております」

頭を下げ、向かいの席に腰掛けた栄一は目もとの涼しい真面目そうな男性で、律夫の発言から受けた印象とはだいぶ違う。

手渡された名刺によれば、勤務先は生活雑貨を扱う大手チェーン店の本部だった。

京と明日美は律夫とのやりとりを伝えた。

マスクを外し、コーヒーを飲みながら一部始終を聞いていた栄一は寂しげに眉をひそめた。

「父の目に映る僕は、いまだに見栄っ張りの浪費家なんですよね。父は七パーセントルールのことを言っていましたか？」

京と明日美は同時にうなずいた。

「僕はそんなルールは無意味だとずっと思っていました。七パーセントでなければいけない根拠など、どこにもないじゃないかって。父にもそう口ごたえしていました。若気の至りとはいえ、あそこまで反発すべきではなかったと今では後悔しています。父を失望させてしまいましたからね」

「今は七パーセントルールについてどう思っていますか？」

明日美が聞いた。

「結婚して、娘ができて、今、七パーセントルールの真意がわかるようになりました。七パーセントでなければいけないというのではないんです。七パーセントを目標に、できる範囲でお金を使わずに残そうと努力していると、やがて将来に向けてお金を貯めていくことに張り合いが生じてくるんです。『これだけ貯めれば娘が五歳になった時、こんなことしてあげられる』と考えたりする方が、背伸びしてブランド物の洋服を買ったりするよりもずっと楽しくなってくるんです。七パーセントルールとは、あくまで、そうなるのを手助けするための具体的でわかりやすいきっかけなんです」

京は栄一を真正面から見つめた。

「単刀直入に聞きます。緒方白鷗の富士山絵を持ち出しましたか？」

「いえ、母にも言いましたが、盗《と》っていません。そもそも床の間に高価な日本画が飾られていただなんて知りませんでした。父がそれを購入したのは最近のことですよね？」

「よくわかりました」

京は深くうなずいた。

「ところで栄一さんは恵美子さん——お母さまに頼まれてご実家に行かれたのですよね？お母さまには栄一さんが行く時刻を事前に知らせていましたか？」

「はい、午後二時に行くと電話で言いました」

「時刻通りに実家に行かれましたか？」

「はい、五分とずれていなかったと思います」

「そして、約束の時刻にご実家を訪ねたらお母さまが出迎えてくれて、和室に行こうとした栄一さんに『たまにはお父さんと話をしたら？』と言って、リビングルームに入るようにうながしたのですよね。恵美子さんはキッチンへ行き、お湯を沸かしてお茶をいれてくれた。間違いありませんね？」

「ええ、その通りです」

「京ちゃん、それがどうかしたの？」

「今、何かが下りてきました」

と京は言った。


その日の夜、逢坂家のリビングルームに京、明日美、栄一、律夫、恵美子が集まった。

栄一は居心地が悪いとでも言いたげに、大きな体を小さく丸めてソファに座っている。

律夫はそんな栄一からそっぽを向き、剣呑《けんのん》な視線を宙に這《は》わせている。

恵美子が人数分のお茶を出し終えたのを待って、京は「謎が解けました」と言った。全員の視線が京に集まる。

「律夫さんは『和室に入って日本画を壁から取り外し、外に持ち出せたのは栄一しかいない』と言われましたね。実はそうではなかったんです。もう一人、和室に入れた人がいました」

京は恵美子を見た。

「恵美子さんは、栄一さんから午後二時に来ると聞いていましたね。時刻通りに栄一さんが来ると、恵美子さんはお茶をいれにキッチンに入り、お湯を沸かし始めた。間違いありませんね？」

「間違いないわ。でも、それが何か？」

「恵美子さんなら、お湯を沸かしている間に和室に入り、緒方白鷗の富士山絵をどこかに隠すことができた……そう思ったんです。律夫さんも栄一さんも恵美子さんはキッチンにいると思っていますからね」

恵美子の表情が強張《こわば》った。

「なぜ……そんなことを？」

「日本の伝統文化に造詣が深く、ご自宅で着付け教室を開いていらっしゃる恵美子さんが、そんなお茶のいれ方をするのがどうしても不自然に思えるからです」

「どういうことだ？」

律夫が目をむいた。

「お茶はセ氏七十度ほどのお湯でいれるのが美味《おい》しいそうですね。私自身、沸かし立ての沸騰したお湯ではなく、しばらく冷ましてからいれた方が美味しいと母から聞いたことがあります。恵美子さんなら、栄一さんが午後二時にやってくるのを見計らい、事前にお湯を沸かしておくのがごく自然ですよね。あの日、敢《あ》えてそうしなかったのは、和室に入る時間を作るためだったのではないですか？」

律夫と栄一が恵美子を見つめた。

「恵美子、本当なのか⁉」

恵美子は微苦笑を目元に浮かべてうなずいた。

「明日美さんの言っていた通りね。京さん、さすがだわ」

「お前は何のためにそんなことを？」

「あなたと栄一を仲直りさせるためよ」

恵美子は真顔になり律夫を真正面から見すえた。

「あたしがこんなことでもしない限り、あなたは栄一と絶対に向き合おうとはしないでしょう？　栄一もこの家に寄り着こうとしない。放っておけば、あなたは栄一への不満と不信感をさらに募らせ、栄一はあなたとの距離をさらに広げてしまうわ。だから二人が真正面からぶつかれるように、あたしが一芝居打ったのよ。明日美さん、京さん、ごめんなさいね。こんなことであなたたちを巻き込んでしまって」

恵美子は二人に頭を下げ、リビングルームを出て、紙袋を抱え戻ってきた。

「キッチンの棚の中に隠しておいたの」

紙袋の中には緒方白鷗の富士山絵が入っていた。


翌週の週末、京と明日美は久しぶりに希望が丘駅に近い商店街を散歩した。

ここ数日間、コロナの感染者数はさらに減り続けている。行き交う人たちの表情がいくらか和らいでいるようにも見えた。

「実はさっき出がけに恵美子さんから電話があったの」

信号待ちで立ち止まった時、明日美が嬉しそうな顔をして言った。いつ話そうかと頃合いを計っていたようだった。

「明日の日曜日、恵美子さん、律夫さん、栄一さんご夫婦と娘さんの五人で食事するんだって。律夫さんも何だか待ち遠しいような顔をしていたらしいわよ。何とか一件落着ね」

「うん……」

「どうしたの？　何だかすっきりしない顔ね」

「『なぜ今なのだろう？』と思ったんだよ。恵美子さんはなぜ今になって、あんな芝居を打ったのかな。律夫さんと栄一さんの不仲は今に始まったことではないよね？」

「恵美子さん、一芝居打つかどうかずっと考え、迷っていたんじゃないかしら」

「今回の恵美子さんの芝居は大胆で素早かったよね。そんな人が迷うかな？　それだけじゃないんだ。律夫さん、若い頃の栄一さんを見栄っ張りの浪費家だと批判していたよね。そんな律夫さんが千数百万円もの日本画を買うだなんて、何だか『らしくない』というか、七パーセントルールと矛盾しているよね」

信号が青に変わり、二人は歩き出した。

陽光が商店のショーウインドーや街路樹に降り注ぎ、商店街の通りは幸せそうに輝いている。コロナ禍がまだ続いていることを忘れてしまいそうな光景だった。

「あれ？　あの絵」

明日美が立ち止まり、飲食店に挟まれた画廊のショーウインドーを指差した。

緒方白鷗の富士山絵だった。

京と明日美は吸い込まれるように店内に入り、顔なじみの画廊の主人に声をかけた。

「ショーウインドーに飾られている絵を売ったのは、もしかして逢坂律夫さんですか？」

画廊の主人はうなずいた。

「逢坂さんをご存知《ぞんじ》ですか？　昨日、ご夫妻で売りにいらっしゃったんですよ。理由をうかがったら、ご主人は『我々はこんな贅沢《ぜいたく》はしない方がやはりいいんだ』とおっしゃっていました」

「なるほど、そういうことか！」

京は細い指を鳴らした。

怪訝な顔をする明日美に京は言った。

「『なぜ今なのか』がわかったよ。恵美子さんが芝居を打ったのにはもう一つ、理由があったんだ。律夫さんだよ。これまで『七パーセントルール』を守ってきた律夫さんが千数百万円もする緒方白鷗の絵を購入してしまった。贅沢に走ろうとしている律夫さんにもう一度、七パーセントルールを噛《か》みしめてもらうためにも、恵美子さんはあの芝居を打ったんだ」

第2話

お金を貯める基本「七パーセントルール」

一人ずつ一世帯ずつ、収入やライフスタイル、価値観などは異なっていても、お金を貯める基本中の基本は「七パーセントルール」を守ることです。

逢坂律夫が息子の栄一に繰り返し言って聞かせたように「収入のうち毎月、少なくとも七パーセントを残すように生活を見直し、支出を管理して、リスクの低い金融商品で運用する」のです。一般的な収入の二十〜四十代の世帯ならこれだけで老後の蓄えは十分に残せるでしょう。

では「七パーセントルール」を守るには何をしたらいいのか。

まず支出の見直しをしてみましょう。毎月、何にどれだけお金を使っているのか、手持ちの請求書や領収書に目を通して月々の支払いをチェックするのです。

ただそれだけの作業で無駄な出費がきっと浮かび上がってくるはずです。とりわけ高い確率で無駄を見つけられるのが次の項目でしょう。

1、月々支払っている会費
2、サブスクリプション（定額課金）サービスへの毎月の支払い

3、スマホなどの通信費

　順番に説明していきましょう。

　私たちは、スポーツクラブやスマホのアプリ、クレジットカードなどを利用するため毎月、様々な会費を支払っています。それらを合計すると想像していた以上の金額になる家計が実は少なくありません。

　これらを整理しましょう。その際の基準は「二カ月」です。二カ月以上、利用していないサービスがあれば即、退会しましょう。「いつかまた利用するかもしれない」と思うかもしれませんが、実際にまた利用したくなったら、スポーツクラブの一日会員など、その都度、支払いが発生するサービスを利用すればいいのです。

　定期的に一定額を支払っているサブスクリプションサービスも、同様に二カ月以上利用していなければ即、止めましょう。サブスクリプションサービスには一時の勢いで入会する人が少なくありません。入会した時には魅力的に感じたとしても、時が経《た》つにつれて熱が冷めていくのはごく自然な変化ですから、もし二カ月以上利用していないのなら、自分の気持ちに素直になって、この際ですから思い切って見直してみましょう。

　スマホも割安なプランへの変更を検討してみましょう。携帯電話の料金を下げたい政府の意向を受けて、ＮＴＴドコモやＫＤＤＩのような大手の電話会社からも割安な料金プランがいくつも発表されています。スマホは月々の支払いが大きいので乗り換えによる支出圧縮効果は大きいはずです。

さらに固定電話を使っていないなら、こちらを解約するのもいいかもしれません。解約しないまでもひかり電話に変えるだけで月々の固定電話への支払いを圧縮できます。

これらに加えて、生命保険など保険の見直しによっても出費を抑えられるかもしれません。とりわけ複数の保険に加入している人は、それらが本当に必要かどうか確認してみましょう。また保険は一般的に基本の「主契約」と、追加で契約する「特約」から成り立っています。「主契約」は一つの保険につき一つが原則ですが、「特約」はいくつでも追加できます。ご契約されている保険に複数の「特約」がついていたら、それらの必要性を一つひとつ確認してみましょう。不要な「特約」を解約するだけで、月々千円から数千円も保険料が安くなる場合があります。

また電力・ガス料金についても、新電力など新規に参入した企業のプランを検討してみましょう。中には電力とガスをセットで契約すると、さらに割安になるプランを提供している企業もあります。

月々の達成感が家計管理への意欲を支える

会費や通信費など月々、口座から自動的に引き落とされる支払いは、その都度支払う食費やレジャー代などに比べて出費による痛みを感じにくいので無駄が少なくありません。

それは逆に言えば節約の余地が十分にあるということです。しかもいったん月々の支払いを見直すと、食費やレジャー代などを節約するのと違い、その都度努力しなくても着実にお金を浮かせられるので、「お金を管理できた」という達成感を得られます。そして、それは家計管理への意欲と自信を育んでくれるはずです。ぜひこれらに切り込んでみてください。

またご家族がいらっしゃる人は、ご一緒に「七パーセントルール」を守るようにするとさらに効果的でしょう。その際には、いつまでに、どのくらいのお金を貯めたいと考えているのか、またそれは何のためなのか、目標と目的をぜひご家族と共有してください。ご家族はきっとあなたに協力してくれるようになるはずです。

もちろん七パーセントはあくまでも一つの目安です。どうしても七パーセントが難しければ五パーセントでも構いません。

大切なのはできる範囲でお金を使わずに残そうとする姿勢です。それを続けていると、やがて将来に向けてお金を貯めていくことに張り合いが生じてくるはずです。

パート1

【お金の基本】

第3話

五、六十代で蓄えがなくても大丈夫
人生百年時代の発想・計画でお金をつくる

勤め人の平均年収は一九九七年の四百六十七万円が最も高く、二〇一九年度は四百三十六万円と一割近く落ち込んでいる。それもあって五十代で無貯蓄すなわち預貯金が一円もない世帯は何と三十一・八パーセントに上る。しかし何とかなる。人生百年時代を前提に支出と収入を考え直し、新たな発想と計画でお金をつくるのだ。

玄関のドアを開け閉めする音がしたかと思うと、足音が急接近してきて、書斎のドアが勢いよく開けられた。

「京ちゃん、あたし、大変な話を聞いてきたの！」

明日美がパソコンとにらめっこしている京に言った。

「さっきまで商店街のカフェでクライアントの名高春菜《なだかはるな》（48）さんと一緒だったの。商店街のマンションに住んでいる方よ。春菜さん、ご主人の壮一《そういち》（54）さんが脅されているのではないかと言うのよ。そうでも考えないと、壮一さんの最近の行動をまったく理解できないんだって。あ、この話、京ちゃんにしてもいいという許可はもちろん取っているからね」

「わかっているよ。それって、つまり、壮一さんの行動が謎めいているということ？」

京はパソコンを打つ指を止め、明日美を振り向いた。

「その通りよ。壮一さん、洋酒の専門商社で営業部長をされているそうなの。毎晩のように居酒屋かバーに立ち寄って帰ってくるようなお酒好きで、コロナが流行《はや》りだしてからは自宅でのリモート飲みを楽しみにしていたのに、最近、外飲みも家飲みもピタリとやめてしまったんだって。それだけじゃないの。来月予定していた夫婦旅行もキャンセルすると言い出したんだって。客室がすべて離れになっている信州のホテルで、『密にならないし、感染対策をきちんと打ってくれているので安心だ』と言っていたのに、壮一さん、突然、心変わりしてしまったそうなのよ」

京は原稿執筆を続ける気持ちを完全に失っていた。明日の朝までに書き上げるつもりだったが、謎の香りに触れると我慢できない。

「それでね、肝心の『脅されているのでは』というのにつながるんだけれど、壮一さん、最近夜、うなされるようになったんだって。ある晩、こんな寝言を言ったそうよ。『そんなお金がどこにある⁉　玉川《たまがわ》！』」

「玉川……人の名前かな？」

明日美はうなずいた。

「春菜さん、玉川という名前に記憶があるんだって。一年ほど前に壮一さんとぶつかって会社を辞めたかつての部下らしいの。京ちゃん、その細腕を貸してくれない？　あたし、大切なお客様の春菜さんに安らかな眠りをプレゼントしたいのよ」

翌日、京は明日美に連れられて名高家を訪ねた。商店街の中ほどにあるこぢんまりしたマンションで、一階にはコンビニエンスストアと美容室がある。

二人を出迎えた春菜は、細面の顔立ちと落ち着いた物腰が堅実な印象を与える女性だった。

春菜は二人をベランダに面した風通しの良いリビングルームに案内し、お茶を出した。

壮一は今日、ほぼ一日中、外回りの仕事だという。洋酒の営業という仕事がら、在宅でのリモートワークは一カ月に一度か二度程度らしい。

「春菜さんは壮一さんが脅されているのではと心配されているそうですね。寝言に出てきた玉川さんという部下が壮一さんとぶつかって会社を辞めた経緯について、ご存知のことを教えていただけますか？」

京は春菜に聞いた。

「詳しい経緯はよく知らないの。ただ夫はよく玉川さんのことを、『万事に細かくて、ことごとく俺に突っかかってくる』とか『あんな奴《やつ》を評価したくない』などと言っていたわ。『仕事ぶりも性格も正反対だ』とも言っていたので、ぶつかったのは一度や二度ではないかもしれないわね」

「なるほど、それで春菜さんは、もしかしたら壮一さんとぶつかって会社を辞めた玉川さんが壮一さんに恨みを抱き、何か良からぬことをしているのかもしれないと不安になったのですね？」

「もちろん夫の元部下がそんなことをするとは思えないし、思いたくないわ。夫の会社は真面目な人たちばかりだから。でも夫が寝言で玉川さんの名前を出して、うなされていたのは普通ではないと思ったの」

「春菜さんは壮一さんの会社のことをよくご存知なんですね」

明日美が聞いた。

「あたしたち、社内結婚だったの。あたしはインテリアコーディネーターの資格を取りたかったので、結婚してしばらくしてから会社を辞めたけれど、今でも会社には顔見知りや夫との共通の知り合いがいるの。だから夫とはよく夫の仕事や会社の話をするのよ」

「玉川さんのことは?」

明日美の質問に春菜は首を横に振った。

「知らないわ。あたしが辞めてから入社した人だから」

「春菜さん、壮一さんは玉川さんのことを『仕事ぶりも性格も正反対だ』と言われていたとのことですが、壮一さんの仕事ぶりや性格はどんなタイプですか?」

京が聞いた。

「今も変わっていないと思うけれど、若い頃から行動的で、ライバル会社との取引が長いお店にも物おじせずに飛び込み営業をかける人だったわ。それから本当は気の小さいところがあるのに、そうは思われたくない人なの。親分肌で、豪胆に振るまいたがるのよ。だから昔から部下や後輩と飲みに行く時には必ず奢《おご》るか、多めに支払っていたわ。ただ……これは夫には言わないでね。そのせいか脇が甘くて、交通費を三カ月分も請求せずに溜め込んでしまって、会社から叱責されたこともあったわ」

京はうなずき、しばらく考えてから、

「春菜さん、壮一さんの部下だった玉川さんが今、何をしていらっしゃるのか、かつての会社の同僚に聞いてもらうことはできますか?」

と言った。


土曜日、京と明日美は久しぶりに二人で電車に乗り、隣町で降りた。

春菜が元同僚に聞いたところ、会社を辞めた玉川は隣町の駅前でワイン専門のリカーショップを開いたという。その店――『Cellier de Tamagawa（セリエ・デ・タマガワ）』は、壮一の会社とも取引があるとのことだった。ということは円満退社だったのだろうか?

『Cellier de Tamagawa』は、レンガ造りの倉庫を模したおしゃれな雰囲気のワインショップだった。店の奥には中庭《パティオ》があり、日よけのひさし《オーニング》の下に椅子とテーブルが数セット置いてある。試飲コーナーにしているらしい。若者から高齢者まで幅広い年齢層の客がワインを物色しており、繁盛している印象だ。

「どんなワインをお探しですか?」と声をかけてきたアルバイトらしい若い男性に玉川への面会を求めた。

若い男性に声をかけられ、すぐにやってきた玉川実夫《じつお》（35）は予想していたのとは異なり、フェイスシールド越しの微笑《ほほえ》みに品がある、実直で真面目そうな男だった。

京は自身と明日美の身元を明かし、名高壮一の妻の春菜と知り合いだと言った。

玉川は懐かしそうな顔をした。

「名高（壮一）さんには本当にお世話になったんですよ。この業界や仕事のことを一から教えてもらったのが名高さんだったんです。お元気でやっていますか？」

「実は壮一さんのことで奥様から相談を受けたんです。奥様は壮一さんの様子が最近おかしくて、夜中にうなされるようになったと言うんですよ」

「それは心配ですね」

「それで奥様は壮一さんの寝言に玉川さんの名前が出てきたと言うんです。玉川さんは最近、壮一さんにお会いになりましたか？」

「いえ……でもなぜ僕の名前が出てきたんでしょうね？」

首を傾《かし》げる玉川の表情を京はそれとなく観察した。そこには警戒も気持ちの揺らぎも見られなかった。

「壮一さんはどんな上司だったのですか？」

「僕にはとても良い上司でした。仕事はできるし、部下を信頼してくれましたしね」

「ぶつかったりはしませんでしたか？」

「名高さんが言っていましたか？　実はぶつかりました。というか、一方的に僕が小言を言ったんです」

玉川は屈託のない笑みを浮かべた。

「名高さんはお金のことでは脇が甘いというか、考え方がゆるくて、飲みに行っても部下にぱあっと奢ってしまうんです。『江戸っ子は宵越しの銭は持たない』などと言うじゃないですか。そんなタイプでした。でも僕は、それは良くないのではないかと思って、お金を大事にしなければ駄目だと何度も言いました。黙っていれば良かったのかもしれませんが、若気の至りもありましたし、僕は父が事業に失敗してお金で苦労したのを見てきたので我慢できなくてね」

「玉川さんが会社を辞めたのは……？」

「僕はもともと自分の店を持ちたかったんです。会社に入ったのはそのための人脈やノウハウを得るためでした。それもあって一から教えてくれた名高さんには本当に感謝しています。名高さんにはぜひよろしくお伝えください」

玉川は京と明日美に会釈し、レジカウンターに戻っていった。

日曜日の午後、京と明日美は再び名高家を訪ねた。

リビングルームに通された二人に、春菜は壮一を紹介した。

二人の訪問の意図がわからない壮一は、肉付きのよい顔に快活な笑顔をつくってみせながらも、怪訝な視線を二人に這《は》わせた。

「昨日、壮一さんの部下だった玉川さんのお店を訪ねました。壮一さんのことを懐かしがっていましたよ」

京が言った。

「そうですか。でも、それが何か？」

「あなたは玉川さんのことを寝言で言っていたのよ。『そんなお金がどこにある!? 玉川！』って」

「奥様は壮一さんのことを心配しているんです」

明日美は春菜から壮一の様子がおかしいと相談されたことを打ち明けた。

事情を呑み込んだ壮一はすまなそうな顔で「心配かけてしまったな」と春菜に言った。

「なぜ大好きだったお酒を突然やめたり、旅行をとりやめようなどと言い出されたりしたのですか」

「私、今月、五十四歳で役職定年になったんです。来月から手取りが三割ほど減ってしまいますし、経費もほとんど使えなくなります。おまけに貯金もあまり無くて、先々の生活を考えると首筋がうそ寒くなってしまいましてね。そう言えば玉川が『部下に奢るくらいなら貯金した方がいい』と言っていました。今からすればあいつが正しかったんですね」

「一件落着ね」

名高家からの帰り道、明日美が言った。

「壮一さんが玉川さんから脅されているかもしれないだなんて、春菜さんの取り越し苦労だったわね。ほっとしたわ」

京は返事をしなかった。

肝心なことはまだ解決していない。

壮一の胸に湧き上がった先々への不安は消えていないのだ。


「大変なのよ!」

編集作業の遅れを取り戻すために三日続けて出社し、夜遅くに空腹を抱えて帰ってきた京に明日美が言った。

「壮一さん、今度は『今の賃貸マンションを出て、安いアパートに引っ越す』と言い出したんだって。春菜さん、怒っちゃって、夫婦喧嘩《げんか》になってしまったそうなの」

京は目を閉じ、壮一が先日言った「先々の生活を考えると首筋がうそ寒くなってしまいましてね」という言葉を思い返した。

「何落ち着いているのよ?」

「これはどうやら僕たちの手に余るかもしれないと思ったんだよ」

「京ちゃん、何頼りないことを言っているのよ!」

京は明日美から逃げるようにバスルームに向かった。

土曜日の午後一時ちょうど、壮一と春菜が希望が丘駅の駅ビルの中にある喫茶店に入ってきた。

京と明日美は立ち上がって二人を迎え、注文を取りにきたマスターの村山志郎《むらやましろう》（72）を紹介した。京と明日美はコーヒーが美味しいこの喫茶店を行きつけにしており、村山とは自然と顔見知りになっていた。

「村山さんはコーヒー豆の専門商社を早期退職した後、これまでの経験や人脈を活《い》かしてここに店を開いたそうなんです。お店を開いて何年になりますか？」

「かれこれ九年目に入りましたね。早いものですね。会社に残っていたらとうに定年で退職している年齢ですよ」

コーヒーを運んできた村山が背を向けるのを待って、京は「実は村山さんを壮一さんに紹介したのは理由があるんです」と言った。

「壮一さんは先日、先々の生活を考えると首筋がうそ寒くなってしまうとおっしゃいましたよね。老後の生活を念頭に置いてそう言われたのですか？」

「その通りです。あと五年ほどで定年退職だというのに、蓄えはほとんどない。おまけに前に言ったように役職定年で収入が減ってしまいますからね」

「壮一さんは今、五十四歳ですよね。この先、何歳まで生きると思っていますか？」

「それは八十……何歳だろう？　八十五歳、八十六歳……」

「とても高い確率で九十歳以上まで生きるはずです。百歳近く、いや百歳を超えるかもしれません。今、こうしている間にも日本や欧米などの先進国では平均寿命が延びていて、例えば二〇〇七年に日本で生まれた子どもたちは五十パーセントの確率で百七歳まで生きると予測されています」

「あの……何の話をされたいのですか？」

壮一が訝《いぶか》しげに眉を寄せた。

「これからの老後のワークスタイル、ライフスタイルです。九十歳、百歳まで生きるのが当たり前になると、どう変わっていくと思いますか？」

「それは……長く働かないと……」

「そうせざるを得ないですよね」

「要するにこれまでの人生設計がそのままあてはまらなくなってしまうんです」

明日美が話を引き取って続けた。

「人生八十年時代では、多くの人たちが小学校から高校・大学まで教育を受け、仕事をして、六十歳になったら定年退職して老後を過ごすという三分割の人生を送ってきました。でも人生九十年時代、百年時代ではそうはいかないですよね。『六十歳以降も現役を続ける』とか『生涯で二つ、三つのキャリアを積む』とかが当たり前にならざるを得ないはずです。

こちらのお店のマスターのように」

「なるほど、そういうことですか」

　壮一はうなずいた。

「私は六十歳で退職するつもりで老後のお金を心配していました。しかしその前提はもう崩れているというわけですね」

「その通りです」

　京は言った。

「老後というとこれまでは現役時代に貯めたお金と年金で暮らすイメージでしたが、それはもう過去のものなんです。ということは、老後に向けてお金を貯めるのも重要だけれど、それと同じくらい、老後も自分らしく生き生きと働くための準備が大事になってくるんです」

「そして、老後の仕事とそれによる収入のイメージがある程度見えてきたら、そこから逆算して、今、どの程度のお金を残しておいた方がいいのかを考えるといいと思います。その時、老後の収入については若干、低めに見積もるのがコツだわ」

　壮一はちらりと春菜を見た。

「あなた、京さんと明日美さんのおっしゃるようにして」

と春菜は言った。

「大変なのよ！」

月曜日、編集作業をすべて終え、心地良い疲れを感じながら帰宅した京に明日美が言った。

「もしかして壮一さん、また何かやったの？」

明日美はうなずき、にっこりと笑った。

「さっき春菜さんから電話があって、壮一さん、ソムリエの学校に通うんだって。壮一さん、こう言っていたらしいわよ。『これまで沢山のワインを飲んできたんで、その経験を活かして、次のキャリアにつながる勉強をしてみようと思う。晴れてソムリエの資格を取ることができたら、玉川の店で働かせてもらってもいいかな』だって。それから夫婦旅行は予定通り、アパートへの引っ越しももちろん撤回だって」

第3話 人生百年時代が前提の「ニューマネープラン」

五十四歳で役職定年となり、この先、収入が減ってしまううえに貯金も乏しい。そんな名高壮一のような人は実は少なくありません。金融広報中央委員会の「家計の金融行動に関する世論調査」（二〇一九年版）によれば、五十代で無貯蓄つまり預貯金などの金融資産がゼロの世帯は、二人以上の世帯で二十一・八パーセント、単身世帯では三十七・二パーセントに達します。四十代や六十代でもその割合は決して小さくはありません（次ページの表を参照）。

とはいえ、あなたがもし無貯蓄世帯でも、あるいは貯蓄はあるけれども金額が少ないと感じていても、悲観する必要はありません。

「五十代で一千万円の貯蓄が必要だ」「六十代では二千万円ほしい」という発想は、現役時代に貯蓄を積み上げ、六十歳か六十五歳で引退して悠々自適の老後を過ごす「現役から引退への片道切符」を前提としていますが、今やその前提自体が崩れつつあるからです。

あなたは何歳まで生きるだろうと考えていらっしゃいますか？

私たちの多くは、今、漠然と考えているよりも長生きするはずです。

厚生労働省によれば日本人の二〇一九年の平均寿命は女性が八十七・四五歳、男性が八十一・四一歳で、三十年前の一九八九年に比べて男女ともに六歳近く延びました。医療技術の進歩や高齢者の健康意識の高まりが主な理由です。

私たちの寿命は今後も延び続けると見られています。人間の組織や臓器を人工的に再生する再生医療などの進歩によって、「二〇四五年には平均寿命が百歳に到達する」と予想する専門家さえいるほどです。

百歳は大げさに聞こえるかもしれませんが、九十歳を超えて生きるのが普通になる時代はすぐそこまでやってきています。

そうなった時に私たちの人生はどう変わるでしょうか？

現役時代に貯蓄を積み上げ、六十歳か六十五歳で引退して老後を過ごす「現役から引退への片道切符」という前提は、よほ

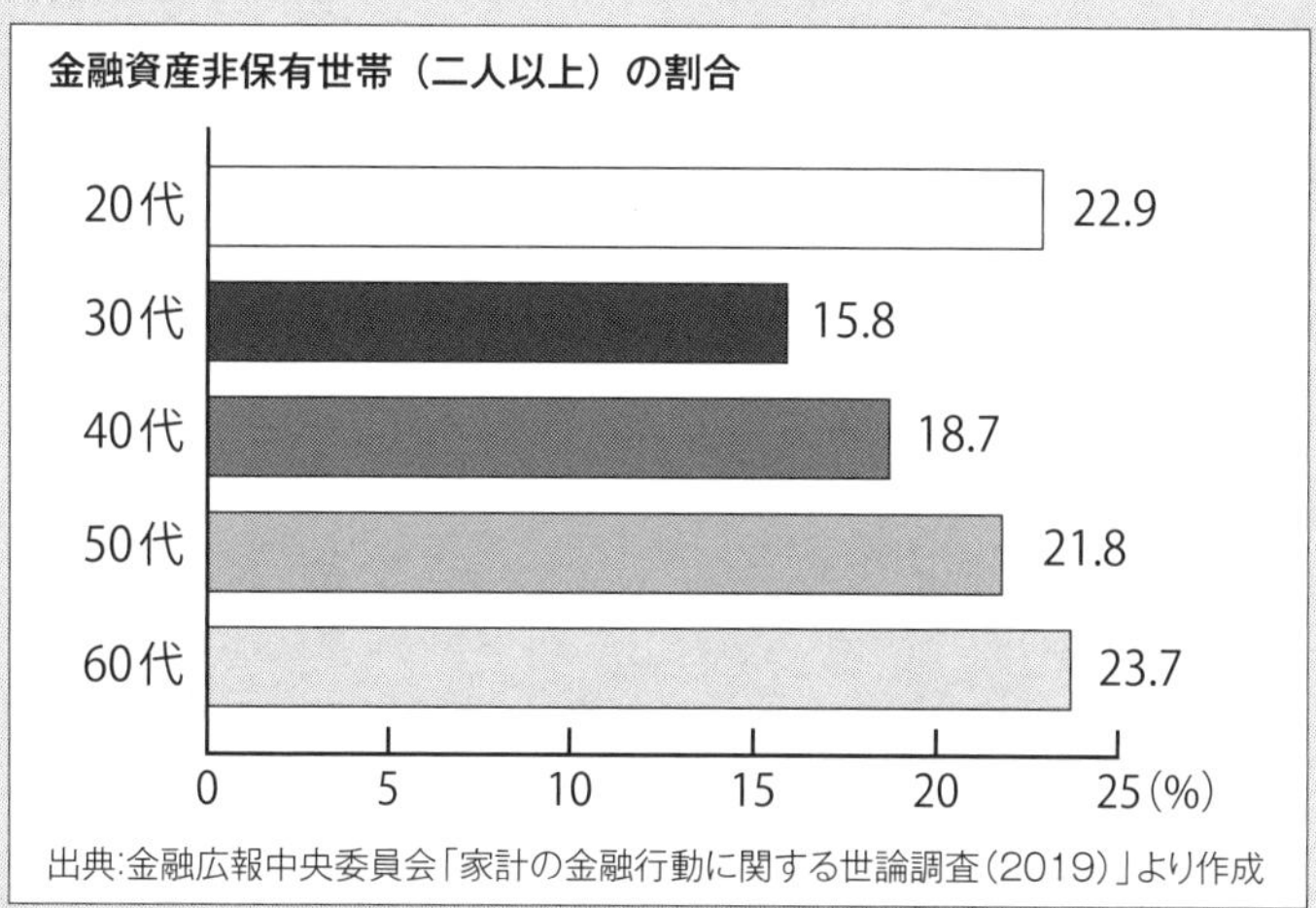

出典：金融広報中央委員会「家計の金融行動に関する世論調査（2019）」より作成

どの富裕層は別として、一般的には成り立ちにくくなります。

例えば九十歳まで生きるとすると、六十歳で引退した場合は三十年間、六十五歳で引退しても二十五年間、年金と貯蓄だけで生活しなければなりませんが、それは現実的ではありません。

どんなに切り詰めたとしても、どこかの時点で貯蓄を使い尽くし、経済的に破たんしてしまう懸念が残ります。老後には医療費への支払いがどうしても膨らみますし、家の修繕や改築など思わぬ出費も避けられません。

では私たちは長生きにどう備えたらよいのか？ どんなライフプラン、マネープランを用意したらいいのか。

新たなライフプラン、マネープランの前提となるのは「片道切符」ではなく、「現役生活と引退生活を行ったり来たりする往復切符」です。

例えば六十歳あるいは六十五歳でいったん引退した後、しばらく休んでから現役時代に培ったスキルやネットワークを活かして自分らしく働く。その際には必要な収入を踏まえて、働くのは週三日あるいは四日と決め、ワーク・ライフ・バランスを重視する。あるいは六十五歳以降は週に二日のペースでずっと働き続ける――。

人生九十年時代、百年時代には、そんなふうにして生涯に二つ、三つの職業を持ち、金銭や生活面を充実させていく人生設計が必要になるのではないでしょうか。

必要なのは貯蓄より「無形資産」

その意味では、四十代、五十代に貯めておきたいのは、六十代、七十代になっても自分らしく働き続けるための「無形資産」でしょう。

「無形資産」とは、形は無いけれど、あなたの価値を高め、活躍の場を与えてくれる資産のことです。具体的には様々な職業や経歴を持つ人たちとの信頼で結ばれたネットワーク、それらを形成・維持するためのコミュニケーション能力や誠実さ、共感力などの人間的魅力、さらには新たな技術や知識を学ぶ意欲や知的好奇心などです。

それらは「片道切符」時代から「往復切符」時代へと変わる人生の糧になってくれるでしょう。

また、IT（情報技術）やAI（人工知能）が急速に進歩する現代では、今、必要とされているスキルや知識がいつまでもつのかはっきりしたことは誰にもわかりません。

四十代、五十代の方々はご自身のスキルや知識を棚卸ししてみて、次のステップに進むためには何が必要なのかを洗い出してみるのもいいのではないでしょうか。そして、それがわかったら社外のセミナーに出席したり、社内の専門家に教えを乞うたりしてみるのです。きっと将来への糧になるはずです。

パート1

【 お金の基本 】

第４話

明日の株価は誰にも予測できない。運用資産のことを三年間忘れてみよう

明日、何が起きるのかは誰にもわからない。明日の株価や債券価格、不動産価格などを正確に予測することは誰にもできない。しかし十年単位の長期で見ると、金融資産の評価額は年平均三パーセントずつ上がっていく。長期の運用を前提に、時に運用しているお金のことをしばらくの間「忘れてみる」のもお金を増やす秘《ひ》訣《けつ》だ。

柔らかな西日が行き交う人たちの頬を茜色《あかね》に染めている。

コロナの感染者が少しずつ減っているためだろう、商店街はコロナ禍以前の夕刻の、あの心が浮き立つ浮遊感を取り戻しつつあるように見える。もっとも今は誰もがマスクかフェイスシールドをつけてはいるけれど。

「あれ、あの子……」

明日美が目当てのフレンチレストランの数メートル前で立ち止まった。

京も立ち止まり、その視線をたどった。

ゲームセンターから高校生らしい男の子たちが出てくるところだった。ふっくらした髪の短い小柄な男の子と中背・やせ型で眼鏡をかけた男の子の二人だ。

「ふっくらした男の子、かすみ（42）さんの息子さん……実《みのる》（17）くんだわ。時田《ときた》かすみさん、あたしのクライアントよ。実くん、ゲームセンターなんかで遊んでいていいのかしら。受験勉強に一生懸命だと聞いていたけれど……」

「実くん、やはり最近どうも様子がおかしいんだって」

月曜日の昼前、明日美が書斎のドアを開けて、原稿を書いている京に言った。

「実はさっき、気になってかすみさんに電話をかけて、一昨日《おととい》の実くんのことを話したのよ。そうしたら、かすみさん、実くんのことで気を揉《も》んでいると言うの」

「後でいいかな？　お昼ご飯の時とか。午前中にこの原稿を書いてメールで送っておきたいんだ」

「いいの？　そんなことを言っちゃって。謎めいた話なのよ」

明日美が誘惑する目をした。

「意地悪なことを言わないでくれよ。僕の人生に必要なのは君とお金と謎だといつも言っているだろう？」

京はノートパソコンを閉じた。「謎めいた話」と聞いてしまったら、聞き終わるまで仕事には集中できない。

「実くんは町内の進学校に通う高校三年生で、これまでは黙々と受験勉強に励んでいたそうなの。土、日もずっと机に向かっていたそうよ。ところが、かすみさんによると、この一、二週間、ふさぎ込んだり、『何のために勉強するんだろう？』とぼそっと呟《つぶや》いたりして、勉強に身が入らないんだって。先々週の土曜日にも大悟《だいご》くんというクラスメートと遊びに行ってしまったそうよ。一昨日、ゲームセンターから一緒に出てきた男の子がいたでしょう？　その子が大悟くん」

京は中背・やせ型で眼鏡をかけた男の子を思い出した。実くんと同じように真面目そうな高校生だった。

「それだけじゃないのよ。かすみさんが机の上のパソコン画面を覗いたら、絵を描くソフトを使って、空を真っ黒に塗りつぶした風景画を描いていたんだって」

「何だか意味深だね」

「でしょう？　京ちゃん、その細腕を貸してくれない？　あたし、大切なお客様に安らかな眠りをプレゼントしたいの」


翌日、いつもより前倒しで在宅での仕事に取りかかり、予定よりも早く原稿を書き終えた京は、フェイスシールドをつけて希望が丘駅の駅ビルにある大学受験予備校を訪ねた。

明日美が実の母親のかすみに聞いたところ、実は毎週火曜日と木曜日、土曜日の三回、この予備校に通っているという。

午後七時十分、授業が終わったらしく、生徒たちが教室から出てきた。

京はスマホにダウンロードした実の顔写真を確かめ、その姿を探したが、いっこうに出てくる気配がない。もしかしたら実は授業に出席していないのかもしれない。

最後の数人の中に、先週土曜日、実と一緒にゲームセンターから出てきた大悟の姿を認めた京は、実に直接問いただす方針を変え、大悟に近づいていった。

「実くんのことで聞きたいことがあるんだけれど、ちょっといいかな？」

大悟がマスクの上の両目に困惑の色を浮かべた。

「実は実くんのお母さんが心配しているんだよ。実くんの様子が最近おかしいって」

京は大悟の警戒を解こうと笑みを浮かべて言った。マスクではなくフェイスシールドをつけたのは、口元が見える方が安心感を与えられるのではと考えたからだった。

大悟は賢い生徒らしく、京の笑みと言葉で事情を呑み込んだようだった。

「確かにあいつ、最近おかしいんです。予備校をサボり出したり、突然電話をかけてきて『ゲームセンターに行こうよ』なんて誘ってきたり……。前は一分一秒も惜しんで受験勉強していたのに」

「なぜそうなってしまったのか、心当たりはあるかな？」

「いいえ、あいつ、そういう話を全然しないんで原因とかわからなくて。ただ、前にこう言っていました。『明日のことさえわからないのに五年後、十年後、二十年後のことがわかるわけない。そんなわからないことのために楽しいことを我慢するなんて馬鹿みたいだ』って」

「なかなか大胆な意見だね」

「ですよね。いきなりそう言い出したんで僕、何も答えようがなくて。それから、あいつ、『お父さんが大変なんだ』とも言っていました。それが今度のことと関係するかどうかわからないけれど」

実くんの父親に何が起きたのか？　それが実くんの変化と関係しているのかどうか？

疑問を噛みしめながら帰宅した京がドアノブに手をかけた瞬間、ドアが内側から開いて、

「実くんのお父さんが大変なの！」

と明日美が言った。

「どうしてそれを？」

「さっきかすみさんから電話があったのよ」

「なるほど」

「京ちゃん、何を落ち着いているの！　かすみさんの家に行くのよ！」

明日美がスニーカーを履き、玄関を飛び出そうとした。

「え!?　ちょっと待って。『実くんのお父さんが大変』って何があったの？」

「知っているんじゃなかったの？　実くんのお父さん、家を出て行っちゃったのよ。かすみさんの力になってあげないと！」


時田家の住まいは街の北側の高台に建つ、洋館風のしゃれた邸宅だった。

かすみは京と明日美がやってくるのを玄関口で待っていて、「夫は夕方早くに帰ってきたが、深刻な顔をして『今日は帰らない』と言い残し、また出て行ってしまったの」と状況を説明した。

「どこに行かれたのか、何か心当たりはありますか？」

京は聞いたが、かすみは途方に暮れた顔を横に振った。

「もしかして、あのアパートじゃないかな？」

かすみの背後から声がした。

実だった。かすみとは対照的に落ち着いた顔をしている。

「あのアパートというのは？」

「父が仲間と会社を始めたころ、事務所に使っていたアパートです」

京と明日美は顔を見合わせた。


実が言った通りだった。父親の登《のぼる》（46）は街外れにある古びたアパートの一室にいた。

かつて事務所として使っていたなごりの事務机でぼんやりと缶ビールを飲んでいた登は、やってきた京、明日美、かすみの三人を見て訝しげな顔をした。

「かすみ、どうしたんだい？　明日美さんまで一緒だなんて」

「あなた、そういう言い方はないでしょう？　心配したのよ！」

「心配って、大げさだな」

「深刻な顔をして『今日は帰らない』とか言われたら心配するに決まっているでしょう⁉」

「あの……登さんはなぜここにいらっしゃったのですか？」

京が聞いた。

「ここが懐かしくなってしまいましてね。このアパートは、私が前の会社で上司だった人たちと、スマホ用ゲームソフトの会社『ゲーム工房』を立ち上げた当時の事務所だったんです。創業時の気持ちを忘れないようにと借り続けていたんですよ」

「なぜここが懐かしくなったのですか？」

京の質問に登は寂しげな顔をした。

「会社の経営はスマホゲームが普及してくれたことで軌道に乗って、百五十人超の従業員を抱えるベンチャー企業に成長しました。ところが元上司の社長が、大手ゲームソフトメーカーへの会社の売却を独断で決めてしまったんです。スマホゲーム市場が成熟して、大手でなければ生き残れないというのが理由です」

「ということは登さんの会社は……」

「無くなります。大手ゲームソフトメーカーの一部門になるんです」

「登さんはどうなるんですか？」

明日美が聞いた。

「わかりません。私たち幹部の処遇がどうなるかは、まだまったくの白紙なんです。でも、それ以上に辛《つら》いのは、かけがえのない私たちの会社が他人のものになってしまうことです。明日美さん、京さん……」

登は悲しげに顔を歪《ゆが》めた。

「ほんの二週間前まで、私は信頼できる仲間とともに、愛する会社で、やりがいのある仕事に打ち込んでいました。それがこんなことになってしまうなんて、明日、何が起きるかは本当にわからないものですね」

「登さん、『明日、何が起きるかは本当にわからない』ということを、もしかして実くんにも言われましたか？」

京が聞いた。

「え⁉　何度か言ったと思いますが、それが何か？」

「今、何かが下りてきました」

と京は言った。

「登さん、かすみさん、これから僕が言うゲームにお付き合いいただけますか？」

「はあ？」

登がぽかんと口を開けた。

「株価を当てっこするゲームです。実くんにも加わってくれるようにぜひお伝えください」

土曜日の午後、時田家のリビングルームに京、明日美、実、かすみ、登が集まった。

京は全員を見回して「いかがでしたか？」と聞いた。

「A社、B社、C社の株価が水曜日、木曜日、金曜日にそれぞれいくらになっているか、皆さんに予測してもらいました。一つでも当たった方はいらっしゃいますか？」

　誰も手を挙げない。

「一円の単位までピタリと当てるのはさすがに無理ですよね。では一つでも百円以内の誤差に収まった人はいますか？」

　今度も誰も手を挙げない。

「登さんはいかがでしたか？」

「大外れです。そもそも私は三社ともコロナ禍で下がるだろうと見ていたんです。それが三社とも上がりましたからね」

「実くんはどうかな？」

　実は頭をかいた。

「全然だめです。どれも予測と実際の株価が百円以上離れてしまいました」

「あたしたち、株式投資の才能がないのかしらね」

　かすみがぼやいた。

「がっかりすることはないわ」

　明日美は言った。

「ある会社の株価が明日どうなるかなんて、実は誰にもわからないの。当たらないのが普通なの。稀《まれ》に当たることがあったとしても、それはただの偶然に過ぎないわ。だって、考えてみて。その時の経済環境や経営状態が複雑に絡み合い、たくさんの投資家たちの思惑や読みが交錯して上がったり下がったりする株価を当てるだなんて、そもそも困難だわ。ただし、これが十年後、二十年後になると、話は少し違ってくるの」

明日美は実を見つめた。

「十年、二十年という長期で見ると、平均して一年に三パーセント程度上がっている可能性が高いので、三パーセントを目安にしながら、会社の利益などの指標を分析することで、株価の予測を一定の範囲内に絞り込むことができるわ。あたしの言っていることがわかるかしら」

実はうなずいた。

「で、ここで重要なのは、株価は短期的には上がったり下がったりを繰り返し、時に暴落したり急騰したりするけれど、株価全体で見ると、長期的には毎年三パーセント程度上がっているという事実よ。これは過去数十年間の世界の株価上昇率からはじき出された数字なの」

「つまり……」

京が続けた。

「明日の株価はわからないけれど、十年後、二十年後の株価はある程度の予測が成り立つんだよ。なぜだか実くんはわかるかな？」

「いえ……」

「その答えは企業努力よ。それぞれの企業は日々、技術力や製品開発力、販売・マーケティング力を向上させようと懸命に努力しているわ。それらの努力の積み重ねによって、売り上げや利益が伸び、それに伴って株価も長期的に見ると上がっていくの。そして、それぞれの企業の努力が経済全体を活性化させるので、それも株価を押し上げる要因になるわ。もちろん中には技術進歩や消費者の変化に対応できなかったり、突発的なアクシデントに見舞われて株価を下げてしまったりする企業もあるけれど、長期的に見れば、努力は報われることが多いの」

「なるほど！　そういうことか。株価を当てっこするゲームをやりたいとおっしゃった意図がわかりましたよ」

登が言った。

「実くんも僕たちが何を言いたかったのかわかったよね」

京が言った。

「今日、努力しても明日、結果が出るとは限らない。でも努力を続けると、長い目で見ると結果はついてくる可能性が高いんだ」

翌週の水曜日、特集企画の入稿作業をすべて終え、心地良い達成感と解放感を噛みしめながら帰宅した京に、明日美が「かすみさんからいただいた果物があるわよ」と言った。

「さっき、かすみさんが届けに来てくださったの。京ちゃんのことをとても感謝していたわ」

「実くん、前向きになってくれたのかな？」

「ええ、受験勉強、再開したって。それから何とダイエットにも取り組み始めたそうよ。『毎日、少しだけご飯を減らせば、大学に入学するころには十キロ近くやせられる』だなんて言っているんだって」

「ダイエットの方はあまり無理しなければいいけれどね。登さんは？」

「かすみさんがあたしたちに宛てた登さんからの伝言《メッセージ》を届けてくれたの。読もうか？　それともお風呂に入ってからにする？」

「明日美、意地悪言わないでくれよ。僕に必要なのは……」

「読むわよ。『京さん、明日美さん、今度のことは本当にありがとうございました。おかげさまで今の仕事、続けようという気持ちが湧いてきました。今後、私がどんな立場、どんな部署で仕事をすることになるのかまだわかりませんが、大企業のマネジメントを経験するのも、長い目で見たらきっと糧になるはずだと今は思っています。明日のことはわからないけれど、十年、二十年後の未来は自分で創れる、そう思うと勇気が湧いてきますね』」

第4話

お金の運用は五年から十年単位の長期が基本

老後も含めた先々の人生設計、ライフスタイルを具体的に想像し、収入のうち毎月七パーセントを残すめどを立てたら、いよいよ運用開始です。

その際の基本は五年、十年単位の長期運用です。外貨で運用するのでも、債券や投資信託を購入するのでも、株式投資に挑戦してみるのでもそれは変わりません。

なぜなら明日、何が起きるのかは誰にもわからないけれど、五年、十年単位の長期で見ると、金融資産の評価額は平均すれば毎年着実に上がっていくからです。

今日、明日の評価額に一喜一憂しているとストレスが溜まります。お金を運用して増やしていくことは本来楽しいはずなのに、これではつまらないし長続きしません。最悪の場合、焦りに駆られて投げ売りしてしまい損失を出してしまいかねません。そうならないためにも、やや極端に言えば、運用しているお金のことをしばらくの間「忘れてみる」くらいの気の長さが大切です。

株価を見てみましょう。日経平均株価は二十年前の二〇〇〇年の終値（取引最終日の終値）は一万三千七百八十五円でした（一円未満切り捨て）。昨年（二〇一九年）の終値は二万三千六百五十六円だったので、十九年間で九千八百七十一円、率にして七十一パーセント上昇しました。平均すると一年に三・七パーセントずつ上昇した計算になります。

この間、株価は何度も暴落しました。最も激しかったのは皆さんもよくご存知のリーマンショックの時でした。

二〇〇八年九月、アメリカの投資銀行リーマン・ブラザーズの経営破たんをきっかけに欧米の金融機関の経営が急速に悪化し、株価が暴落する金融危機が発生しました。日本も例外ではなく、同年九月上旬に一万二千円台だった日経平均株価は、十月下旬には七千円台に下落し、二〇〇九年に入ってもなかなか一万円台に戻りませんでした。

さらに二〇一一年三月には東日本大震災が発生し、福島第一原発の過酷事故の影響もあって、一万円台を回復した日経平均株価は同年には八千百円台にまで暴落しました。

当時、短期資金を運用する投資家は頭を抱えたものです。しかし二〇一二年以降、日経平均株価は息を吹き返し、先に述べたように十年単位で見れば年率で四パーセント近い利回りを実現しています。

企業は日々、売り上げを伸ばし、利益を増やそうと努力しています。それらは一朝一夕には効果が出なくても、いつか実を結ぶでしょう。

また黒田《くろだ》東彦《はるひこ》日銀総裁が二〇一三年四月に思い切った金融緩和政策を打ち出して以来、日銀は国債購入を通して市中に流通するお金を増やす量的緩和政策を続けています。さらに上場投資信託（ＥＴＦ）の購入を通して株にも資金を振り向けており、民間のシンクタンクの推計によればＥＴＦの保有総額は二〇二〇年十一月末時点の時価換算で四十五兆円に達します。これらも株価を押し上げる要因となっています。

もちろん日経平均株価は個別の企業の株価ではありません。日本経済新聞社が東証一部上場企業の中から選んだ二百二十五社（指標銘柄と言います）の平均株価です。上場企業の中には二十年間ずっと株価が低迷している企業もあります。しかし複数の銘柄に分散して投資すれば、仮にそうした企業の株を買ってしまっても全体として見ればプラスの利回りを実現できるでしょう。

長期で見ると、あなたのお金は高い確率で「仲間」を増やしてくれるのです。

パート1

【 お金の基本 】

第5話

日本はもはや金持ちの国ではない
外貨・外債・外国株での運用を考えよう

経済協力開発機構（OECD）による二〇一八年度の調査では、日本の平均賃金は過去二十一年間で八パーセント減少し、主要国の中で唯一のマイナスだ。賃金水準自体も加盟三十六カ国中二十位と下位に沈んでいる。そして残念ながらこの先も順位を下げていく可能性が高い。外貨・外債・外国株での運用も選択肢に入れておこう。

誰かにつけられている気がしてならなかった。

夜更けの通りには京自身以外には誰もいない。それなのに京の歩みと合わせるような足音が背後からかすかに聞こえてくる。角を曲がるたびに視界の隅に動く人影がよぎる。

京は歩みを速めた。背後の足音もテンポを上げたのがわかった。

京は生唾を呑み込み、四つ角を曲がりかけたところで立ち止まり、思い切って振り返った。

人の姿は認められないが、街灯の光が届かない生垣の前の薄暗がりに影がうずくまっている気配を感じる。

京は恐怖を感じて思わず後ずさりした。影も同じように動く。

「あれ？」

京は両手を挙げてみた。影も同じように両手を挙げる。

ちらついていたのはどうやら街灯に照らされた自分の影だったらしい。だとすると足音も、寝静まった住宅街に自身のそれがこだましていたのだろうか……。

逃げ帰るようにマンションに帰宅した京がドアノブに手をかけようとした瞬間、ドアが内側から開いて、明日美が顔を出した。

「誰かにつけられている気がしてならないんだって」

「え⁉」

京はまじまじと明日美を見つめた。

「今日、クライアントの宇野和子《うのかずこ》（40）さんと電話でお話ししたんだけれど、和子さん、旦那さんの邦夫《くにお》（42）さんが最近おかしいと言うの。邦夫さん、『誰かにつけられているような気がしてならない』としきりに訴えるんだって。和子さん、邦夫さんがこのところあまりに忙しくて、ノイローゼ気味なのではないかと心配しているのよ」

「あまりに忙しくてノイローゼ気味……なるほどね」

「和子さんによると、邦夫さんは大手の繊維メーカーで新素材の開発を担当しているエンジニアで、とても真面目な人なんだって。この一カ月間、仕事がとても忙しいらしくて、心身ともに疲れているんじゃないかと言うの。それでね」

明日美はにっこり笑った。

「和子さんとの間で、たまには気晴らしのために美味しい料理と、仕事とは関係のない会話を楽しんだ方がいいんじゃないかという話になったのよ。コロナの感染もこのところずっと落ち着いているし。今度の土曜日、商店街のフレンチレストランを予約しようと思うんだけれど、京ちゃんも参加してくれないかな？　あたし、大事なお客様に安らかな眠りをプレゼントしたいの」

土曜日の夕刻、京と明日美は約束の時間五分前に商店街の中ほどにあるフレンチレストランの扉を開けた。

奥のテーブル席にいるカップルがこちらを振り返り、笑顔で手招きした。和子と邦夫だ。

和子はやせ型で眼鏡が似合う知的な女性だ。

邦夫は対照的に肉づきがよく、ノイローゼ気味だと聞いていたわりには快活な印象だ。

ワインを選び、食事を始めても邦夫への第一印象は変わらなかった。

「京さんのお噂《うわさ》はかねがね聞いています。謎解きの達人だそうですね？」

そう如才なく言って、京の謎解き話を興味深げに引き出し、邦夫自身は職場での話を面白おかしく語った。

「私たちは大手のアパレルと一緒に仕事をする機会もよくあるんですよ。でも我々も先方も、ともに意思決定が遅くて、三回も四回も会議を開いているうちに冬物の素材開発に間に合わなくなり、翌年の冬物シーズンまで発売を延ばしたこともありました。おかげさまで辛抱強さだけは身に付きましたよ」

「あなた、そう言うわりには運転していて前の車がのろのろしていると、すぐに顔がイラッとするじゃない」

「これでも成長したんだよ。前は顔だけではなく声にも出していたからね」

京と明日美は思わず吹き出した。

「邦夫さんがノイローゼ気味だというのはどうやら和子さんの取り越し苦労だったみたいだね」

レストランからの帰り道、京は少し前を歩く和子と邦夫に聞こえないように明日美に耳打ちした。

「でも良かったわ。邦夫さんが元気であるのに越したことはないもの」

商店街の通りを住宅街へと右折した時、京の視界の隅に黒い人影がちらついた。

京は振り返った。人影が電柱の陰へと移動した。慌てて身を隠したかのようだ。

和子、邦夫夫妻と別れた京と明日美は、四つ角を左折したところで立ち止まり、背後を窺《うかが》った。

人影が電柱の陰から出てきてこちらに近づいてくる。

背広を着た小柄な男性で、年齢は五十代くらい、人をつけてきた男にしては実直で真面目そうな雰囲気だ。

「京ちゃん、行って！」

「いや、僕、こういうのは……あ！」

明日美が京の背中を突き飛ばした。

「ああ！」

京と鉢合わせしそうになった男は悲鳴を上げ、回れ右をしようとしたが足元がもつれて転倒した。

「なぜ後をつけてきたのですか？」

京は尻もちをついた男を見下ろした。

「言わないのなら、怪しい人がつきまとっていると警察に訴えるわよ」

明日美が続ける。

「怪しい者じゃありません！　私は……こういう者で……」

男は尻もちをついたまま胸ポケットから名刺を出した。

『株式会社プロフェッショナル・リサーチ、コンサルタント・徳山篤郎《とくやまあつろう》』とある。

「私、宇野邦夫さんの素行……いや日常を調査するように依頼されたんです」

「何のために？」

「それは勘弁してください」

「警察に電話するわよ」

明日美はスマホを出した。

「それも勘弁してください。私の名刺をご覧になればわかるでしょう？　人材のスカウトを代行したり、人材の業績や素行を調査したりする会社です。ある企業が宇野邦夫さんをスカウトしたがっているんですよ」

京と明日美は顔を見合わせた。

「徳山という人が言っていたことは間違いなかったわ」

マンションに帰宅した後、すぐに和子に電話をかけ、事情を聞いた明日美が言った。

「邦夫さん、中国の『大枝《グレートブランチ》グループ』という、素材やハイテク部品を開発・製造している大企業からスカウトされているそうよ。その条件もすごく良くて、『給料は今の会社でもらっている金額の二・五倍、自由な研究・開発ができるように別途、予算も出す』だって」

「それで邦夫さんは？」

「断わるそうよ。来週、先方に会う予定で、その時、考えを伝えるらしいの。『今のままでそれなりに満足しているし、この年齢になってから海外で働きたくない』って」

「そうか……」

「これで一件落着ね。邦夫さんは実際に後をつけられていて、ノイローゼではないとわかったんだもの」

明日美はそう言ったが、京はすっきりしなかった。

大枝《グレートブランチ》グループはなぜ邦夫さんに目をつけたのだろう。邦夫さんは確かに大手の繊維メーカーで最先端の素材開発に携わっているが、名の知られたエンジニアではない。

それに、そもそも大枝《グレートブランチ》グループはなぜ邦夫さんが最先端の素材開発に携わっていることを知ったのだろう？

木曜日の夕刻、編集作業を行うために三日ぶりに編集部に出社し、比較的早い時刻に退社した京は、自宅の最寄り駅近くにある居酒屋のテラス席で一人ビールを飲んでいる邦夫を見かけた。

先日フレンチレストランで食事した時とは別人のように重苦しげな表情で、眉間にしわを寄せ、宙の一点を見つめている。

京は一人にしておいた方がいいような気がして、声をかけず、そのまま通り過ぎた。

「京ちゃんも邦夫さんを見かけたの⁉」

邦夫の話をした京に明日美が驚いた顔をした。

「あたしも午前中、商店街のカフェに邦夫さんが一人でいるのを見たのよ。言われてみれば、陰気な顔をしていたかもしれないわ」

翌日の夕刻、リモートワークで原稿執筆とインタビュー一件をこなした京はマンションを出て駅へと向かった。

邦夫は今日も駅近くの居酒屋で独り飲んでいる気がしたのだ。

予感は的中した。邦夫は昨日と同じテラス席で、考えごとにふける顔をしながらビールを飲んでいた。

京は席に近づき、名前を呼んだ。

三度目でようやく我に返った邦夫は京に気づき、笑みを浮かべた。

「昨日もこちらにいらっしゃいましたね」

「見られちゃいましたか」

邦夫はバツが悪そうな顔をした。

「何かあったみたいですね」

「わかりますか？」

「もしかして中国の大枝《グレートブランチ》グループのスカウトの件ですか？」

「ご存知でしたか？」

邦夫が少し驚いた顔をした。

「おっしゃる通りです。昨日、大枝《グレートブランチ》グループの担当者に直接会ったのですが、そこで意外な出来事がありましてね。あの……もしよろしければ京さんも一杯いかがですか？」

「喜んで」

京は席に着き、店員を呼んで生ビールを注文した。

「それで……意外な出来事というのは、大枝《グレートブランチ》グループとの会合の場になんと私の最も尊敬している上司がいて、彼からも『一緒に行かないか』と誘われたんです。つまり大枝《グレートブランチ》グループが最初に声をかけたのは私の上司だったんです。彼は我が社を代表するエンジニアで、業界でもそれなりに知られていましたからね。それでスカウトを受諾した彼が、一緒に連れていきたい部下として私のことを大枝《グレートブランチ》グループに紹介し、私のような者にもスカウトの手が伸びたわけです」

「邦夫さん、それで迷いが生まれたのですね」

「その通りです」

邦夫は神妙な顔でうなずいた。

「私は彼に一から仕事を教わりましたから。私が今日あるのは彼のおかげなんです。その彼が私を誘ってくれたのは光栄だし、嬉しくも思います」

「邦夫さんの上司はなぜ大枝《グレートブランチ》グループからのスカウトを受諾したのでしょうか？」

「私たちの会社に対する不満というか、歯がゆい思いが強かったのだと思います。彼が以前、こんなことを言っていたのを覚えています。『このままだとうちの会社はじり貧だ。ゆでガエルのようなもので、どんどん駄目になっていく』『重要事項を決断できない。会議を何度も開いて結局、先送りしてしまう。その結果、決断しなかったという取り返しのつかない決断をしてしまったことに、経営陣は気づいていない』」

店員が京の生ビールを運んできた。

京と邦夫はジョッキを掲げて乾杯し、邦夫が続ける。

「彼の言う通りなんです。うちの会社は意思決定が致命的に遅いんです。しかも社内では何をするにしても面倒な手続きがあって、それらを乗り越えるために膨大な時間とエネルギーを費やさないといけません。僕たちの一挙手一投足を縛る管理のための管理が横行しているんです。そのためでしょう。うちの会社は年々、少しずつシェアも売り上げも利益も落としています。給料も上がらず、欧米企業どころか中国企業にも優秀な人材を採り負けてしまっています。しかも、悪いことに経営陣にはそれを改革しようという気概もリーダーシップも見えないんですよね」

「典型的な日本の大企業かもしれませんね。日本の大手製造業には高い技術力がありました。半導体も液晶も日本の大手製造業がトップを走ってきました。でもここぞという時に思い切った設備投資を決断できず、果敢に投資を行った韓国勢や中国勢に生産量で競り負けてシェアを失い、やがて赤字に陥って撤退を余儀なくされてしまいました。リーダーシップを発揮できないサラリーマン経営者の怠慢や自己保身が、貴重なビジネスチャンスをみすみす逃してしまう。部外者の僕でさえ歯がゆく思うのですから、当事者の思いは切実でしょうね」

「私、調べてみたんですが、日本企業の給料はもはや海外の企業に比べてずっと見劣りするのですね」

邦夫はスマホを出し、開いた画面を京に見せた。

「経済協力開発機構（ＯＥＣＤ）の二〇一八年度の調査です。それによれば、日本の平均賃金は過去二十一年間で何と八パーセントも減ってしまい、主要国の中で唯一のマイナスになっているそうです。賃金水準自体も加盟三十六カ国中二十位と下位に沈んでいます。アメリカの三分の二の水準で、ＥＵの中でもとりわけ経済が停滞しているイタリアやスペインとそれほど変わらない金額です」

「条件や環境を考えたら、大枝《グレートブランチ》グループで尊敬する上司のもとで働く方が、ずっと良さそうですね。『給料は今の会社でもらっている金額の二・五倍、自由な研究・開発ができるように別途、予算も出してくれる』と聞いています」

邦夫は視線を下に落とし、ビールを一口飲んだ。

「私はもう若くはありません。慣れ親しんだこの国を飛び出す決断は、やはり下せませんね。今のままでもそれなりに幸せですから……」

邦夫は自分に言い聞かせるように呟いた。


翌週の金曜日、久しぶりに出社して連載企画の入稿作業を終え、何とか夕食前に帰宅した京に、明日美が言った。

「さっき和子さんがいらっしゃって、中国土産のお茶を届けてくださったの。『花茶』と言ってお湯を注ぐとお茶碗《ちゃわん》の中できれいな花が咲くんだって」

「中国土産って、もしかして邦夫さん、中国に行ったの？」

「上司に誘われて、上海《シャンハイ》にある大枝《グレートブランチ》グループの拠点を視察に行ってきたんだって」

「え⁉　じゃあ邦夫さん、スカウトに応じるの？」

明日美はうなずいた。

「大枝《グレートブランチ》グループの経営陣が、邦夫さんと上司のために、日本に拠点を開設することを即決してくれたんだって。当面は上海の本社で働いて、日本に拠点が開設されたら戻ってくるそうよ。それまでは単身赴任だって」

シャワーを浴び、食事を終えた京はスマホに邦夫からのメールが届いているのに気づいた。

どうするか迷い悩んでいたのが嘘《うそ》のような明るい文面だった。

『京さん、今度のことでは大変お世話になりました。またご心配をおかけいたしました。大枝《グレートブランチ》グループ側の計らいで、いずれ日本で働けることになりました。それならばと、迷いを吹っ切って、上司についていこうと決めました。人生で初めての、それも外国企業への転職になりますが、後悔のないように存分に力を振るってみようと思います。本当にありがとうございました』

邦夫の将来を考えたら、間違いなく一件落着だろう。

しかし日本企業はまた貴重な人材を流出させてしまったのだ。そのことを思うと、京は複雑な気持ちにもとらわれるのだった。

第5話
日本はもはや「金持ち国」ではない。外貨運用も選択肢に入れておこう

残念なことですが日本はもはや「金持ち国」ではありません。それどころか私たち国民の収入面では他の主要国に比べて見劣りすると言わざるを得ない状況です。

経済協力開発機構（OECD）による二〇一九年度の調査では、日本の平均賃金はOECDに加盟する三十四の国と地域の中で二十四位と、二〇一八年度の二十位からさらに順位を四つ落としています。

主要先進七カ国（日本、アメリカ、ドイツ、イギリス、フランス、カナダ、イタリア）の中では最下位で、二〇一八年度には二十一位だった韓国（二〇一九年度は十九位）にも抜かれてしまいました。日本の平均賃金の金額は三万八百六十二ドルと一位のルクセンブルク（六万八百七十ドル）のほぼ半分の水準です。

OECDは、物価水準を考慮した、より生活実感に近い為替レートである「購買力平価」という物差しを使って平均賃金を算出、比較しています。平均賃金の差はそのまま金銭面での暮らしやすさ、豊かさの格差につながっていると言っても過言ではありません。

日本が豊かな国から転落したのは一九九〇年代後半以降です。今日までの二十年余りの間にアメリカは十五パーセント、ドイツは十六パーセントとすべての主要国が賃金を上昇

させてきたのとは対照的に、日本の平均賃金は十パーセント近く減少してしまいました。

原因は経済力の低下です。かつて日本が高い国際競争力を誇っていた家電、半導体などは韓国、中国勢との競争に敗れて今や見る影もありません。二十一世紀の成長産業となったＩＴ・ネット関連でも世界で戦える企業が生まれず、アメリカや中国企業の独壇場となっています。労働生産性も低いままで、ＯＥＣＤの調査では日本のホワイトカラーの生産性（単位時間当たりに生み出す付加価値）はアメリカの三分の二程度で、一九七〇年以降五十年近くにわたって主要先進七カ国で最下位を続けています。小売業やサービス業の生産性も欧米に比べると下位に沈んでいます。

これらは根の深い問題です。電子部品メーカーや一部の総合電機メーカーは収益力を高めてきていますが、小売業やサービス業が稼ぐ力を取り戻すのには時間がかかるでしょう。日本の経済力がすぐに回復するとは期待できない状況なのです。ということは、経済の体温である金利は上がらないどころか、日本銀行としては経済活動を少しでも上向かせるためにマイナス金利に代表される超低金利を続けざるを得ません。企業の競争力を示す株価もアメリカに比べれば上昇率は抑えられてしまいます。

お金の運用を考える上で、今の日本はもはや決して魅力的な国だとは言えないのです。それなりの運用利回りを得るには、広く海外に目を向ける必要があるでしょう。経済成長率が高く、それに伴って金利も高い新興国の債券で運用したり、今後も大きな成長を見込めるアメリカ企業の株で運用したりといった、外貨での運用も時には必要なのです。

その際の選択のポイントやリスクについては一八六ページ（解説・第10話）で説明したいと思います。

パート1

【お金の基本】

第6話

誠実さを大切にし、お金は合理的に使う億万長者の意外な素顔に蓄財のヒントが

日本では投資可能な金融資産を一億円以上、アメリカでは百万ドル以上持つ人たちを富裕層と呼ぶ。その割合は日本では二パーセントほど、アメリカでは〇・五パーセントだ。アメリカでの調査によると、彼らは意外な素顔の持ち主で、「誠実であること」を重視し、合理的なお金の使い方を実践するという。彼らの考え方や行動にはお金を増やすヒントがある。

「どうしたの？　帰ってきてからずっと浮かない顔をしているわよ」

明日美がリビングルームに入ってくるなり、ソファに横になっている京に言った。

京は今朝、編集作業と打ち合わせのために出社し、午後早い時刻に帰宅した。以来、ソファで天井を見上げて考えごとをしている。

自分の書斎で仕事をしていた明日美はその様子が気になり、とうとう我慢できなくなってしまったらしい。

「仕事で何かあったのね？」

「〝あった〟じゃなくて、〝ありそう〟なんだよ」

「どういうこと？」

明日美の小鼻が膨らんだ。好奇心のスイッチが入った証拠だ。

京は起き上がり、明日美を隣に座らせて、「今度一緒に仕事をするライターのことなんだ」と言った。

「僕たちのマネー誌は次号で『金融資産一億円以上！　富裕層の素顔』という企画を掲載することになって、僕が編集を担当するんだよ。それで安井《やすい》功一《こういち》（33）くんという若手のフリーライターに取材・執筆を依頼したんだ。以前、株主優待の特集の一部を担当してもらった時、なかなか熱心に取材してくれたので、今度は思い切って長めのリポート記事を任せてみることになったんだよ。ところが今日、初めて打ち合わせをしてみたら、安井くん、どうやら富裕層に対して内心、反感を抱いているらしいとわかったんだ」

京は安井とのやりとりを思い返した――。

「『富裕層の素顔』という企画とは、つまり……」

安井はふっくらした童顔を紅潮させて言った。

「富裕層の仮面をはがし、そのずる賢い資産形成術や節税法や強欲さを暴いてやる企画だということですよね」

「いや、必ずしもそういうことではないんだよ。というのも企画の主旨は、資産形成の方法や仕事への取り組み方について、富裕層に学ぼうということだからね。くさしたり、批判したりする意図はないんだよ」

京は諭すように言ったが、安井は納得せず、「敢えて誉めるということですか？　それだと富裕層のリアルな姿や肉声を伝えることにはならないんじゃないですか」と口を尖《とが》らせた――。

「今度の企画では、富裕層たちにインタビューして、仕事やライフスタイル、生活信条、蓄財哲学などを掘り起こす予定なんだ。その取材の場で、安井くんが富裕層の人たちに突っかかったりはしないかと不安なんだよ」

京は明日美に言った。

「別のライターの人に代わってもらえないの？」

「今さらそれはできないよ。というか、それはしたくないんだ。安井くんの思い込みを軌道修正するのも、編集者である僕の仕事だからね。それを放棄すべきではないと思うんだ。それに安井くん、今度の特集企画になぜだかすごく乗り気なんだよ」

「そうか……。そういうことなら……」

明日美はにっこり笑った。

「あたしのクライアントを紹介するわ。その人を取材してみたら、富裕層に対する安井さんの思い込みが変わるかもしれないわよ」


三日後の金曜日、京は希望が丘駅の改札で安井と待ち合わせ、明日美に紹介してもらったクライアントの自宅へと歩いて向かった。

安井は、長めのリポート記事の取材がいよいよ始まる嬉しさからか、あるいは富裕層への敵愾心《てきがいしん》からか、マスクの上の両目を大きく見開き、大股でずんずん歩いていく。

目指す芦屋《あしや》家の自宅は、駅前商店街のすぐ裏手という一等地にありながら、庭の樹々《きぎ》が高くそびえる広壮な邸宅で、白亜の洋館が陽光に照らされことさら目立っていた。

「ここだな」

安井が敵のアジトを突き止めたような口調で言い、京は苦笑しながらうなずいた。

「もう一度確認しておくと、今日インタビューをさせていただくのは、芦屋富一《とみかず》さん、六十六歳だ。芦屋富一さんは大手の保険会社に勤務していたけれど、退職してネット保険会社を起業し、成功させて資産を築いた。昨年、六十五歳ですべての役職を離れ、今は後継者に経営を任せて悠々自適の生活を送っているそうだよ。奥様は多恵《たえ》さん、五十九歳」

「成功した起業家でしょう？　きっと上から目線の人なんでしょうね。少なくとも自己主張の強い人ですよね」

そんな安井の予想は見事に裏切られた。

玄関で二人を出迎えてくれた富一は痩身の品の良い男性で、笑顔が優しげだ。

リビングに通された二人にコーヒーを出してくれた多恵も、明るく気さくな印象の女性だった。

インタビューが始まった。

京は、資産形成の方法や仕事への取り組み方について富裕層に学ぶという企画の主旨を、安井にもよく聞こえるように説明し、

「まずおうかがいしたいのですが、仕事、ビジネスで大事にしていたことは何だったのですか？」

と聞いた。

富一が照れ臭そうな顔をした。

「こう言うといささか歯が浮くような気もしますが、『誠実』つまり誰に対しても正直であること、『社会性』つまり人とうまくやっていくこと、この二つでしたね。顧客に信頼されなければ、それも長きにわたって信頼し続けてもらわなければ、我々のビジネスは成り立ちませんから」

「大手の保険会社を辞めてまで、ネット保険会社を起業した理由は、やはりもっと大きなお金を稼ぎたかったからですか？」

安井が聞いた。その言葉から悪意が透けて見える。

富一が苦笑した。

「保険の仕事が大好きだったからですよ。大好きだったので、大手の保険会社のビジネスが顧客第一になりきれないのが我慢できなかったんです」

「それはどういう意味ですか？」

安井が突っかかるように聞いた。

「今、日本では生命保険の加入率は九割を超えています。ほとんどの世帯が加入しているんです。払っている保険料は平均すると年間で四十万円超です。しかし自分がいくら保険料を払っているのか、どんな契約内容なのか、よくわかっていない人が実は決して少なくありません。あなたは生命保険に入っていますか？」

安井はうなずいた。

「年間の保険料の支払い金額がいくらなのか、どんな契約内容なのか、わかっていますか」

「いや……それは……」

富一が柔和な笑みを浮かべた。

「わからないのは無理もないんです。そもそも生命保険の多くが、『三大疾病特約』などの特約がついていて複雑ですからね。そこで我々はお客様に内容を理解していただけるように、できるだけわかりやすい保険を心がけました。契約者が亡くなった時、ご遺族にお金が支払われる『死亡保険』と、入院時にご本人にお金が支払われる『医療保険』だけに絞り込んだんです。ここまではおわかりいただけましたかな？」

「もちろんです」と安井は言った。

「保険料自体も安くしました。例えばご本人が亡くなった時、ご遺族に三千万円が支払われる死亡保険の場合、年間に支払っていただく保険料を三十歳・十年の契約でおよそ四万円に設定しました。大手生命保険では七万円台から八万円台が多いはずです。大手生命保険は生保レディーなどと呼ばれた営業担当者の人件費がかかります。全国に支社や店舗を構えているのでそれらの家賃も支払わなければなりません。一方、我々はネットを利用して契約を募るので人件費がほとんどかかりませんし、全国に支店を持つ必要もない。その身軽さを活かしたんです」

「起業された時、ここまでうまくいくと思っていらっしゃいましたか？」

京の質問に富一はかぶりを振った。

「想像もしていませんでしたね。何とか食べていかれるだけでいいと思っていましたよ。ただ、今振り返ってみれば、あの時期に起業したのは幸運だったと思います。当時はネット保険会社なんて他にありませんでした。競争相手がいなければ成功する確率は高いですからね。あのまま大手の保険会社に残っていたら、私はせいぜい部長止まりだったでしょう」

富一はそう言って笑った。

京は富一の話を聞きながら、アメリカの富裕層についての調査リポートを思い出していた。

それによれば、アメリカで金融資産百万ドル超の富裕層には、社会的ステータスにとらわれない職業選択で成功した人が少なくないという。しかも彼らは自分たちの仕事を心から愛していて、それが成功への階段を上る原動力になっていたという。

一方、医者や弁護士、公認会計士など社会的ステータスの高い職業は、人気がある分、優秀な競争相手が多く、成功のための戦い、すなわち顧客獲得競争が熾烈《しれつ》にならざるを得ない。

「職業選択で成功するためには、時には社会的ステータスへのこだわりから自由になり、成功の確率が高く、かつ心から愛せる仕事を探すことが重要だ」とリポートは結論づけていた。

「お金の運用で心がけていることはありますか？」

京は聞いた。

「投資をする際、『恐れすぎるな』と自分に言い聞かせるようにしています。株や投資信託などリスクを伴う投資には、もちろんリスクに見合った慎重さが必要です。しかし一方で『恐れすぎないこと』も重要だと思うんですよ。恐れすぎると、お金を失うことへの過剰な恐怖心から投資のチャンスをみすみす逃したり、焦って売却して後悔したりしかねませんからね。では恐れすぎないためにはどうすればいいのか。株や投資信託などの価格がどう推移してきたのか、長期的な視点で振り返ってみる姿勢も大切だと私は思います。例えば株価は二〇〇〇年以降、リーマンショックなどで何度か大幅に下落しましたが、十年単位で見れば年平均で三パーセント以上上昇してきました。この事実を知るだけでも、一時期の下落局面でうろたえなくなるでしょう？　『恐れすぎず、長期で』が私の信条ですね」


インタビュー終了後、富一は京に言った。

「明日美さんに聞いたけれど、天ノ川さんは謎の香りを嗅ぐと我慢できないそうですね。もしまだお時間があれば見てもらいたいものがありましてね」

京が「もちろんです」と快諾すると、庭に出た富一は、二人を門柱の脇の植え込みに案内した。

よく手入れされた庭の中で、そこだけが荒れ果てたように雑然としていた。夾竹桃《きょうちくとう》や百日紅《さるすべり》などの樹木の根元にプラスチックのカップがいくつも落ちている。カップにはタピオカドリンクが入っていたらしく、ひからびたタピオカもあたりに散乱している。

「散らかっていますね」

「でしょう？　二週間ほど前、こんな状態になっているのに初めて気づいて、以来、片づけても何日かするとまたこんなふうに散らかってしまうんです」

「誰かが投げ込んでいる可能性がありますね」

「京さん、一体何者が何のためにこんなことをしているのか、推理していただけませんか」

「ええ、喜んで」

「これ、嫌がらせみたいですね。芦屋さん、誰かに恨まれたりしていませんか？」

安井が二人に割って入った。

「見当がつかないな」

「本当ですか？」

「ええ」

安井は富一から離れて、「きっと誰かに恨まれているんですよ」と京に耳打ちした。

「強引なことをされた人とかね。僕、芦屋さんをよく知る人に会って聞いてみますよ」

京は「やれやれ」という顔をして枝を四方に張った樹々を見つめた。

土曜日、京と明日美は久しぶりにブランチを外で食べようと商店街のカフェを訪れた。

コロナの感染は一時期より勢いを増し始めた印象だが、ワクチンの接種がいよいよ開始されそうだとの明るいニュースも入ってきており、道行く人たちの表情には余裕が感じられる。

「安井さんという若いライター、その後、どう？」

明日美はテラス席に着くなり京に聞いた。好奇心で目もとが潤んでいる。

「富裕層への反感は相変わらずだよ。芦屋富一さんを恨んでいる人がきっといるはずだって、あちこち調べているみたいだ」

ウェイターが注文を取りに来た。

日替わりのパスタセットを頼んだ明日美は、「デザートは何になさいますか？」と問われて、視線を宙に泳がせた。

その目が、タピオカドリンクを手にして歩く若いカップルをとらえた瞬間、

「あたし、タピオカプリンにしよう」と言った。

京も明日美と同じものを頼んだ。

「そうそう、タピオカドリンクを持って歩く人を見て思い出したわ。商店街にタピオカ専門店が開店したのよ。とても美味しいんだって」

「いつ？」

「ええと、二週間ちょっと前だったかしら」

「場所はもしかして芦屋さんの邸宅のすぐ近くかな」

「ええ、そうよ。すぐ裏手よ。京ちゃんも知っていたの？」

「いや、知っていたわけではないんだけれど、今、何かが下りてきた」

と京は言った。

帰宅後、京は安井に電話をかけた。

「富一さんの評判はどうだった？」

そう聞く京に、安井は「それが……」と困ったような声を出した。

「芦屋さん、評判、悪くないんです。何人もの人が芦屋さんの経営手腕や人がらを誉めていました。芦屋さんの立ち上げたネット保険会社が好調なので、芦屋さんへの評価が底上げされているというのもあると思いますけれど……」

「安井くん、今日か明日、時間があるかな？　ちょっと付き合ってほしいところがあるんだ」

二人が落ち合ったのは芦屋邸の近くに開店したタピオカ専門店だった。

商店街の一角にあるその店はしゃれたカフェのような作りで、テラス席もあり、街路樹の下で若い客たちがタピオカドリンクを飲みながらお喋《しゃべ》りを楽しんでいる。

　京は街路樹を見上げた。

　カラスが何羽か止まっている。店頭のガラス扉には『カラスにご注意ください』と書かれた貼り紙があった。

「このお店がどうかしたんですか？」

　安井が言ったのと同時にカラスが樹木から舞い降りてきて、客のいるテーブルをかすめた。客が「あっ！」と驚いた声を上げる。

　カラスは再び樹上の枝に止まり、テーブルを窺っている。

「カラスだよ。あの時もカラスがいたんだ」

「あの時？」

「僕たちが芦屋さんの邸宅を訪ねた時のことだよ。安井くんが『芦屋さんはきっと誰かに恨まれているんですよ』と僕に耳打ちした後、僕が頭の上の樹々を見つめたのを覚えていないかな？　樹上ではカラスが巣作りをしているらしく、枯れ枝や針金のハンガーなどが枝の上に積み重ねられていたんだ」

「それがどうかしたんですか？」

「安井くん、もう一軒付き合ってくれないかな」

「どこへですか？」

「芦屋さんの邸宅だよ」

「カラスが犯人ですって⁉」

富一が驚いた顔をした。

京はうなずいた。

「先日、ご近所にタピオカ専門店が開店したのをご存知ですか？」

「いや、知りませんでしたね」

「開店したのは二週間ちょっと前、こちらが散らかり出した少し前のことです。そのタピオカ専門店の店長に聞いたのですが、テラス席の客が飲んでいるタピオカドリンクのストローを狙って、カラスがやってくるのだそうです。プラスチックカップごと持っていかれてしまったことも何度かあって、今後しばらくの間、テラス席を撤去しようかとも考えているそうです。そして……こちらのお庭のあの樹です」

京は芦屋邸の門柱脇にそびえる樹木を指差した。

「あそこにカラスの巣があります。わかりますか？」

樹上にあるカラスの巣は以前よりも形が整いつつある。

富一はうなずき、「そう言えばカラスの鳴き声がよく聞こえるようになりました」と言った。

「カラスは巣づくりのためにタピオカ店のストローを奪おうとして、プラスチックカップごと、ここまで持ってきてしまったのだと思います。その時に落ちたプラスチックカップや中身がここに散乱していたんですよ」

京の説明に富一はカラスの巣を見上げながらうなずいた。

「それでも僕は富裕層へのわだかまりは解《と》けないな。芦屋さんご夫妻は尊敬できる人たちかもしれないけれど……」

芦屋邸からの帰り道、安井が言った。

「だって……例えば株や投資信託を売ったり配当を得たりして儲《もう》けた利益への課税は、どんなに金額が多くても、持っている資産が莫大《ばくだい》でも、国税と地方税を合わせて一律で約二十％じゃないですか？　一方で所得税は三百三十万円超から六百九十五万円以下で約二十％、六百九十五万円超から九百万円以下で約二十三％ですよね。しかも住民税などの地方税も取られます。額に汗して働いた所得への課税より、富裕層が得ている不労所得への課税の方が有利だなんて納得できないですよ」

「譲渡益への課税で税率が一定なのは、預貯金から投資へと個人のお金の流れを変えたい国の意図があるからじゃないのかな」

「それはそうかもしれませんけれど、結果的にお金持ち優遇になっていますよね。二極化がさらに進んでしまう可能性は否定できませんよね」

京は安井の言い分にも一理あると思った。

そして、もし安井の言う通り二極化が進んだら、富裕層とそうでない人たちの分断はいっそう広がるかもしれない。分断を埋めるような新たな中間層が育ってくれる見通しは今のところはない。

それは決して健全な社会とは言えないだろう。

「どうすればいいのだろう？」

京は心の中で自問した。

第6話 幸福感をもたらすのは年収増より貯蓄増

お金は幸せをもたらしてくれるのでしょうか？　答えはやはり「ＹＥＳ」のようです。お金と幸福には正の相関関係があり、経済的に豊かであるほど幸福感を持つ人の割合が増えることは、様々な調査で立証されています。

ただし豊かさの物差しが、年収で示されるフローの所得である場合と、貯蓄に代表されるストックの資産である場合とでは、お金と幸せの相関関係は微妙に異なります。

一一九ページのグラフには所得、資産による、総合主観満足度つまり幸福感の変化が点数で示されています。これらは内閣府による二〇一九年と二〇二〇年の「満足度・生活の質に関する調査」をもとに、調査対象者（二〇一九年調査約一万人、二〇二〇年調査約五千人）を分析したものです。

まず所得では、総合主観満足度（幸福感）は「百万円以上～三百万円未満」が五・二一点、「三百万円以上～五百万円未満」が五・六九点と、所得の増加に伴って上がっていくものの、「二千万円以上～三千万円未満」でピークに達し、それ以上の年収ではむしろ減少してしまいます。

一方、貯蓄などの資産では、「百万円以上～三百万円未満」が五・六六点だった総合主観満足度（幸福感）は、「二千万円以上～五十万円未満」（六・五五点）を超えても鈍化せずに上がり続け、「一億円以上～三億円未満」（六・九八点）に達するまで頭打ちになりません。

つまり、同じお金でもフローの所得よりもストックの資産の方が幸福感との相関関係が強いのです。

実はフローの所得の増加に伴う幸福感の上昇が、年収一千万円を超える水準で鈍化し始め、やがて頭打ちになるのは、日本だけではなく他の先進国にも共通して見られる傾向です。

二〇〇二年にノーベル経済学賞を受賞した行動経済学者・心理学者のダニエル・カーネマン氏は、様々な仕事に就いている約四十五万人の人たちを分析した結果、「フローの所得が一定水準を超えると幸福度との正の相関が弱まり、やがてなくなる」と結論づけ、その金額が「物価の高い地域では年間所得ベースで約七万五千ドル」だったと指摘しています。（主著『ファスト&スロー』より）

ではなぜ収入が一定水準を超えると幸福度の上昇が頭打ちになるのでしょうか。あくまで推測ですが、年収が一千万円に近づき、やがて超えると、仕事がさらに忙しくなり、より重い責任が生じて、時間や気持ちのゆとりを持ちにくくなるからではないでしょうか。

一方、貯蓄などの資産は、どんなに増えても忙しくなったり、より重い責任を背負い込んだりしません。それどころか資産が増えれば増えるほど、より多くの譲渡益や配当を稼いでくれます。

だとすれば、より幸せになりたければ、懸命に働いて年収を増やし、増えた年収に応じて出費も増やしてしまうより、収入はほどほどでも貯蓄に励むべきでしょう。

ではどうすれば貯蓄を増やし、幸せなお金持ちになれるのでしょうか？

買い物上手こそ幸せなお金持ちへの道

純資産つまり借金を除いた正味の資産額が百万ドル（一ドル百五円で換算して一億五百万円）以上のアメリカの富裕層を対象に大規模なアンケートを行い、富裕層の蓄財術や仕事術をまとめた『1億円貯める方法をお金持ち1371人に聞きました』（トマス・J・スタンリー著、文響社）には、貴重なヒントが盛り込まれています。

同書が明らかにした億万長者の実像は、ハリウッド映画によく登場するような、豪邸に住み、高級百貨店で買い物三昧にふける紋切り型の大金持ちとはかけ離れています。大多数は中古住宅に住み、格安店でクーポン券を使って買い物をするような、堅実な生活を好む人たちです。

と言ってもいわゆる「安物買い」ではありません。一時の損得にとらわれず、長い目で見た損得を考えて合理的に選択する買い物上手です。

例えば彼らの多くは高級な靴を好みます。品質の良い高級な靴を、靴底を張り替えなが

世帯年収別の総合主観満足度

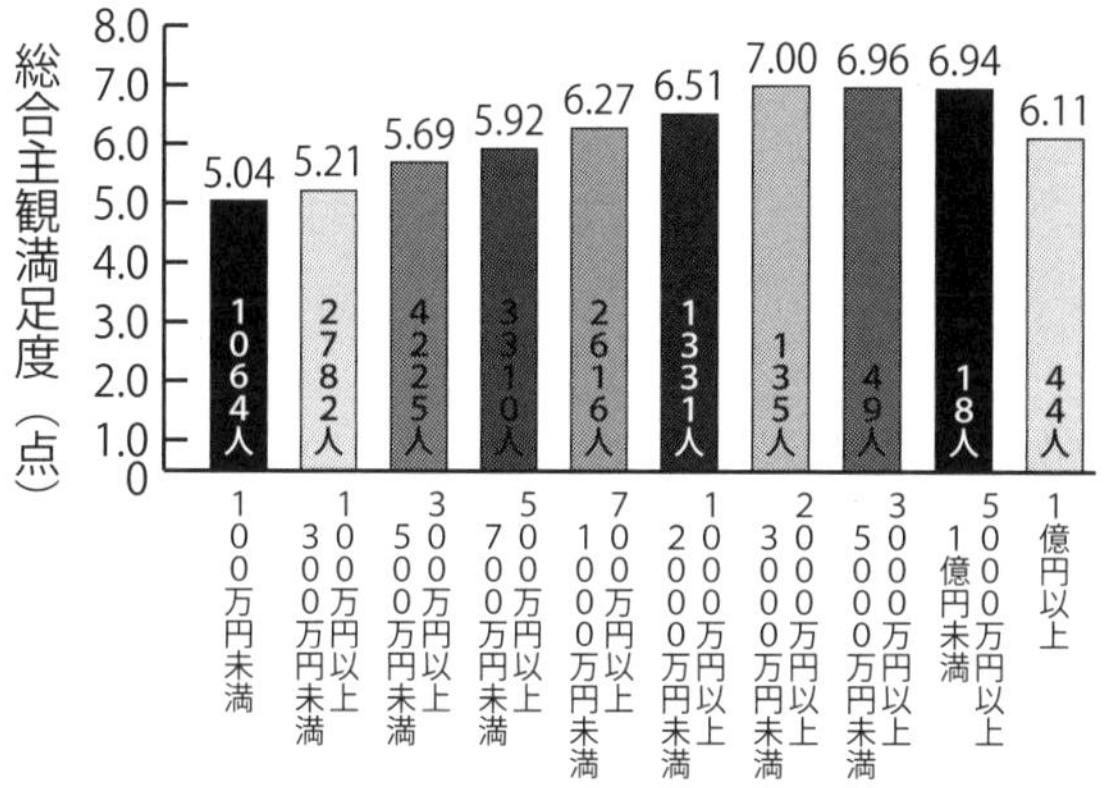

世帯金融資産残高別の総合主観満足度

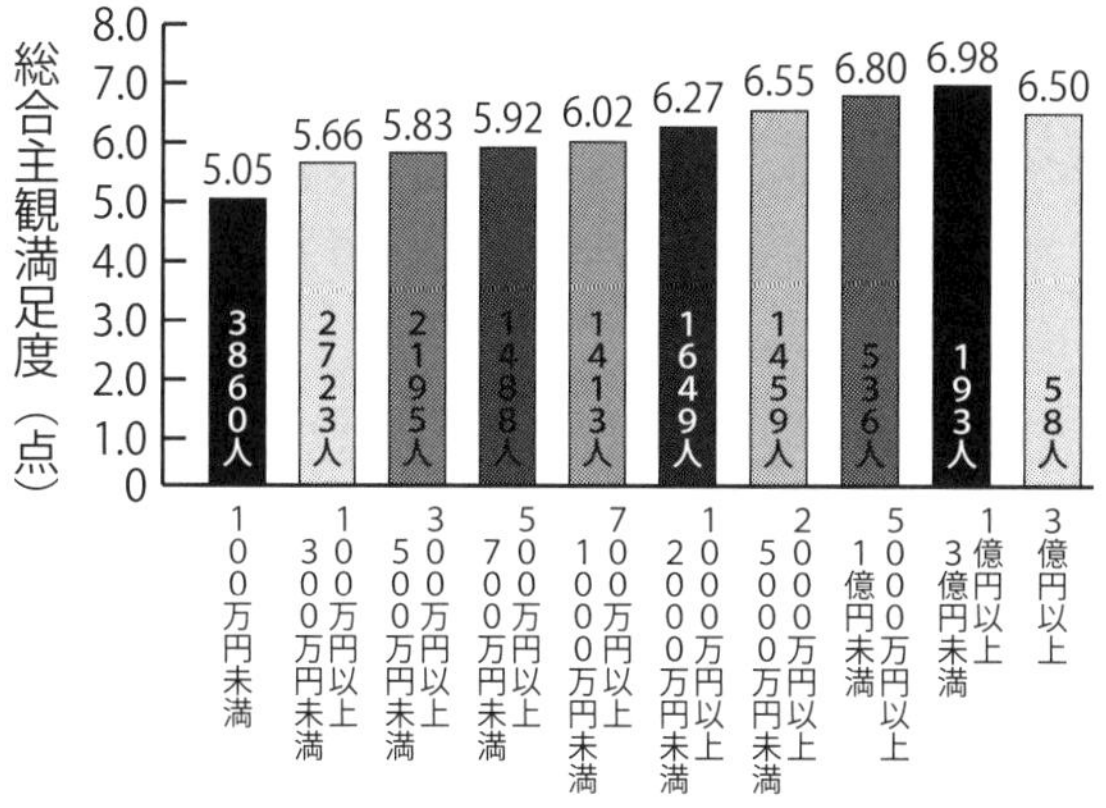

出典:内閣府 満足度・生活の質に関する調査（2019年調査・2020年調査）より作成

ら履き続けた方が、安価な靴を買い替えるよりも長い目で見ると安上がりだからです。家具も同様です。一時の出費を惜しんで安価な家具を買うよりも、品質の良い高級家具を長く使い続ける方が、結果的に安く済むことをよく知っているからです。

節約すべきところは節約し、高いコストを払っても結局安くあがるものは本物を長く使い続け資産形成に役立てる——買い物上手こそ、貯蓄を増やす必要条件なのです。

パート2

【 お金の増やし方 】

第７話

利子が利子を生む未来への贈り物
「複利」の利点を積立預金で最大限活用

「複利」とは元本だけでなく利子もまた利子を生むことで、元本に利子を組み入れて運用することを「複利で運用する」と言う。あの二十世紀最大の物理学者アルベルト・アインシュタインが「宇宙で最も偉大な力」とまで呼んだとさえ言われるほどだ（真偽は不明だが）。長期安定運用による複利の効果を発揮する積立預金に注目してみよう。

天ノ川京が「さあ、今日も効率的に片づけるぞ」とひとりごち、細い指でパソコンのキーボードを打ち始めようとしたその時、書斎のドアが開き、妻の明日美が大きな瞳を見開いて中を覗き込んだ。

片方の腕で愛猫のソフィーを抱き、唇を嬉しそうに逆への字形に曲げている。

こんな時、明日美の次の言葉は決まっている。

「京ちゃん、あたし、たった今、すごーく面白い話を聞いたの！」

「お昼ご飯の時でいいかな？　午前中にこの原稿、書き上げたいんだ」

「そんなことを言っちゃっていいのかな？　謎めいた話なのよ」

明日美が誘う目をした。

「さっきまで柏木美和《かしわぎみわ》さんと電話で話していたの。あたしのお客様で、ほら、一丁目の交差点の近くに古いお屋敷があるじゃない。そちらに住んでいる方よ。例によって京ちゃんに話す許可は取っているから安心して」

明日美はそう言って話し始めた。

「美和さんは病院で事務の仕事をしていて、ご主人は中学校の理科の先生なの。彼女は四十五歳で、ご主人は四つ上だったかな。それでね。先日、台風で傾いてしまった庭の物置をご主人が取り壊したら、判じ物みたいな昔のメモが出てきたと言うのよ」

「判じ物だって⁉」

京はキーボードを打つ指を止めた。

判じ物とは文字や絵に隠された真の意味を当てる江戸時代の遊びのことだ。推理小説を愛し推理作家を目指している京は謎の香りを嗅ぐともう我慢できない。

「どうする？　この続きは明日の朝にする？」

「明日美、意地悪な質問しないでくれよ。僕の人生に必要なのは君とお金と謎だといつも言っているだろう？」

明日美は満足げにうなずき、リビングルームのソファに京を座らせてスマホの画面を見せた。

「美和さんから『判じ物みたいなメモ』の写真を送ってもらったの。それがこれよ」

京はスマホを手に取り、画面に表示された写真を見た。

黄ばんだ紙切れに万年筆の青いインクで「¥５５０００００→　４３１０、４０４９、３６・４０、０４６７６０、１０９２、９６０７９、３３１０、１０９３」と数字が書かれている。

「何だろう？　『¥５５０００００』は金額に間違いないと思うけれど、『４３１０』とか『４０４９』とか、他の数字が何を意味しているのかはわからないな。それに『→』のマークは何のつもりだろう？」

「ね⁉　謎めいているでしょう？　このメモが桐《きり》の箱に大事に保管されていたそうよ。ねえ、京ちゃん」

明日美は上目遣いで京を見た。

「その細腕を貸してくれない？　美和さん、メモが気になって夜も眠れないんだって。あたし、大切なお客様に安らかな眠りをプレゼントしたいの」


週末、京は明日美に連れられて柏木家を訪ねた。

閑静な一丁目の住宅街にある屋敷は和洋折衷の造りで、屋根は瓦葺《かわらぶ》きだが窓の張り出した洋室がある。古びた中にもモダンな趣きを感じさせる住まいだった。

京と明日美はその洋室に通され、柏木夫妻と向かい合った。

美和は小柄で活動的な印象だ。夫の柏木夏雄《なつお》は七三に分けた白髪混じりの髪が実直な雰囲気をかもし出している。二人とも、京と明日美同様、顔を覆うフェイスシールドをつけていた。

向かい合った四人に、秋人《あきと》（21）と美和から紹介された息子がお茶を出してくれた。

京は部屋を辞する秋人の後ろ姿を見るともなく見た。ほっそりした背中がなぜだか寂しげに見えた。

夏雄は桐箱を開け、例の紙切れを出した。

実物は明日美に見せてもらった写真よりも古びて見える。

「柏木さんはこのメモに心当たりがありますか？」

京の質問に夏雄は「ありませんね」とかぶりを振った。

「ただ、この万年筆の文字は十年近く前に死んだ父が遺したものだと思います。父はこんな几帳面《きちょうめん》な字を書く人でしたから」

「お父様は何をされていたんですか？」

「父は数学者でした」

「数学者って、何だかすてきね」

明日美の言葉に夏雄は嬉しそうに微笑んだ。

「父は柏木春樹《はるき》と言い、その名前は学会ではそれなりに知られていました。私が生まれた一九七〇年には『数学賞』を受賞しています。ちなみに『数学賞』とは優れた業績を上げた数学者に与えられる賞だそうで、受賞した時、父は三十歳でした」

「お父様はその時、賞金をもらいましたか？」

「もらったと思います。『副賞として百万円をもらった』とか言っていたのを聞いた覚えがありますから」

「当時としては大きな金額ですね」

「あ！」

明日美が小さく叫んだ。

「付いてきちゃったんだ」

明日美が庭を指差した。背の高い広葉樹の根元に、額にハートマークのある三毛猫が行儀よく座っている。

ソフィーだった。

「あの猫ちゃん、天ノ川さんのところの？　だったらこちらに連れてきていいわよ」

美和が目を細めてソフィーに視線を向けた。猫が好きらしい。

「でも床が汚れちゃいます」

「うちでも以前、猫を飼っていたから大丈夫よ。秋人がとても可愛《かわい》がっていて、そこの壁の隅にペットドアまでこしらえちゃって」

美和が指差したところには猫が一匹通れるだけのペット用のドアが作られていた。

ソフィーを抱いて部屋に戻ってきた明日美は窓際に立ち、さっきまでソフィーがいた広葉樹を指差した。

「お庭の木、とても立派ですね」

「カシワの木ですよ。私が生まれた年に父が植えたんです」

夏雄が苦笑した。

「柏木だからカシワの木、父は言葉遊びが好きな人でしてね。そうそう、私が子どもの時、私の洋服にマジックで７２０なんて数字を書いたりしていました。夏雄《なつお》だから７２０というわけです」

　京が光を帯びた目で夏雄を見つめた。

「柏木さん、もう一度、おっしゃっていただけますか」

「え？　今、言ったことですか？　夏雄だから720《なつお》と」

「もしかしたら……」

　京は立ち上がった。

「『¥5500000』とはお父様が遺したお金かもしれません。だとすると他の数字の羅列はそのありかを示した暗号かも」

　明日美が目を見開き、美和と夏雄が顔を見合わせる。ソフィーが異様な空気を察して「ニャア」と鳴いた。

　京は「今、何かが下りてきています」と言った。


　その日の夕刻、京はバスタブの中で、夏雄の父親が書き残した紙切れの数字を思い浮かべていた。

　コロナ用心のため「外出から帰ったらバスルームに直行ルール」に従い、先に入った明日美が出るのを待ってバスルームに飛び込み、かれこれ小一時間ほど湯に浸《つ》かっている。これが京の謎解きのスタイルなのだ。

　夏雄の父親、春樹が遺したという数字は何を示しているのだろう。

夏雄によれば、春樹は夏雄の持ち物にマジックで720と書いたりしていたという。

夏雄だから720《なつお》。

紙切れに書かれた数字を同じように読みかえてみると、こんな風にも読める。

4310（読み取れ）、4049（四をよく）、36・40（見ろ、四を）、046760（惜しむな労を）、1092（特に）、96079（苦労なく）、3310（ささっと）、1093（解くさ）。

しかし言葉に置き換えても意味はわからない。

そもそも最初の4310を「読み取れ」と読んでみたけれど、例えば「シーサーと」や「シーザーと」など何通りにも読める。他の数字も同様だ。

「シーザー？」

水中を泳ぐ魚の影のように何かが脳裏をよぎった。

京は「シーザーの暗号」を思い出した。

ジュリアス・シーザーが使ったとされる暗号で、アルファベットを一定の文字分ずらして表記するのがルールだ。三文字分ずらすとCAT（猫）ならFDWとなる。

もしかして「4310」は「シーザーの暗号」で「読み取れ」と言っているのだろうか。

これに続く数字を京は「4049＝四をよく」「36・40＝見ろ、四を」と読んでみた。

これらが間違いでなければ「シーザーの暗号のように、それぞれの数字の塊《かたまり》の中の四番目の数字を読め」と受け取れるのではないか。

京は四番目の数字をつないでみた。

４３１０の０、４０４９の９、３６・４０の０、０４６７６０の７……とつなげていくと、
０９０７２７０３
となる。

京はこの数字のつらなりの読みかえに挑戦してみた。

「お《0》く《9》お《0》……れい《0》く《9》お《0》」

なかなか意味を成さない。

しかしメッセージはきっと込められているはずだ。

夏雄は父親を「言葉遊びが好き」だと言っていた。

「柏木だからカシワの木、父は言葉遊びが好きな人でしてね」と。

「ああ！」

京はバスルームを飛び出し、リビングルームに駆け込んだ。

「京ちゃん！　素っ裸！」

「今、百パーセント、下りてきた！」

日曜日、柏木家の庭に京と明日美、美和と夏雄が集まった。ソフィーは明日美の腕の中

で興味深げに瞳を動かしている。

「先日、僕は『¥５５０００００』とはお父様が遺したお金で、他の数字はそのありかを示した暗号ではないかと言いました。その推理は間違っていなかったと思います」

京は「０９０７２７０３」と書いた紙を掲げた。

「数字に託されていた指示に従って四番目の数字をつなぐと、こうなりました。なかなか意味を読み取れなかったのですが、ふとこの庭にあるカシワの木を思い出したんです。カシワは英語でカシワ・オークなどと言います。０９をオーク、つまりこのカシワの木を指しているのだと仮定して、残りの０７２７０３を見てみると方位を示す数字が二つ、見つかりました。０と２７０です」

京は、今度は「０・７・２７０・３」と書いた紙を皆に見せた。

「方位磁針《コンパス》をご存知ですね。丸い懐中時計のような形で、盤面に３６０度の目盛りがあります。目盛りは０度が北を、２７０度が西を指すように作られています。ということは、０７２７０３の数字を０・７・２７０・３の四つに分解して読んだらいいのではないかと思ったんです。するとこう読めました」

京は張り出し窓の洋室を指差した。

「０９０７２７０３の数字は、このカシワの木から０度つまり北に七メートル行き、次に２７０度つまり西に三メートル行った場所を指していると」

京はポケットから巻き尺を出し、北に七メートル歩き、さらに西に三メートル歩いた。

明日美、美和、夏雄も後から付いてくる。

数字が示している場所は、洋室のソファの真下だった。

京は「失礼します」と言ってソファをずらした。

ソファの下には古いペルシャ絨毯《じゆうたん》が敷かれている。

京はその端を持ち上げて、床との隙間に腕を入れた。

指先が異物に触れた。

京は「あった！」と声を出し、〝それ〟を絨毯から引っ張り出した。

夏雄の父親である柏木春樹名義の古い定期預金の通帳だった。

三人が京を取り囲み通帳に視線を注ぐ。

京は通帳のページをめくった。

昭和四十五（一九七〇）年七月に百万円が入金されていた。

預金はしばらくの間、利子が加わり順調に増えていたが、五年後の昭和五十（一九七五）年八月に全額が引き下ろされ、残高はゼロ円になっていた。

明日美、美和、夏雄の三人は同時にため息をついた。

「京ちゃん、どういうことかしら？」

「見ての通りだよ。残高は預けた五年後に全額引き下ろされていたんだ。でも……これは僕の推測だけれど、お父様は賞金の百万円には一円も手をつけず、全額、長期運用するつもりだったんじゃないかな。というのもメモにあった『¥550000』という数字だよ。あれは目標の金額だったんじゃないかな。一九七〇年代から八〇年代にかけての金利は、調べてみたら今よりもずっと高かった。例えば郵便貯金の十年定期の金利が十二パーセントの時もあったんだ。『仮に百万円を年利十パーセントの複利で運用できたら、十八年で約五百五十万円に増える』お父様はそう考えていたんじゃないかな。だから通帳に手をつけないよう保管して、場所を忘れないように暗号を残したのだと思う」

京は夏雄を見つめた。

「お父様が賞金を運用しようとした理由も、五年後には解約した理由も、もしかしたらおわかりなんじゃありませんか?」

夏雄はうなずいた。

「たぶん父は私の大学進学の資金を貯めるつもりだったのだと思います。亡くなった母が言っていました。私が幼いころ父はまだ貧しくて、このままでは息子を大学に行かせられないと心配していたと。だから私が十八歳になるまでに資金を貯めようと運用を始めたのではないでしょうか。ただ……」

夏雄は瞼《まぶた》をしばたたいた。

「私は五歳の時、心臓の手術をしました。生まれつき心臓が悪くて、体力がつくのを待って手術したんです。昭和五十（一九七五）年のことでした」

「お父様はその時、預金を全額下ろされたんですね」

「そうだと思います。私は父からの贈り物で生きられたんです。父はきっと賞金で研究用の書物を買いたかっただろうと思います。でも、そうはしなかった。その後、私が高校生の時に大学教授の職を得て、その給料で私は大学に進学できました」

夏雄は美和を見た。

「美和、僕は秋人の……息子の将来をもっと早く考えてあげるべきだったな。あいつはアメリカの大学院への留学を希望しているのに、僕にはその夢を叶《かな》えてあげるだけのお金がない……」


月曜日、担当企画の追い込みのために出社し、夜遅くに帰ってきた京がマンションのドアノブに鍵を差し込もうとしたその時、ドアが開き、明日美が先日よりさらに大きく瞳を見開いて夫を出迎えた。

「これ見て！」

明日美は夏雄の父親名義の積立定期預金の通帳を見せた。先日、見つけたのとは別の通帳だった。

「ソフィーが柏木さん家《ち》からくわえて持ってきちゃったの」

「通帳はもう一冊保管されていたんだ」

　京は通帳のページを開いた。

　一万数千円から二万数千円が、多い時には月に二回振り込まれ、残高は三百万円を超えている。最初の振り込みは十九年前、最後の振り込みは九年前だ。

「十九年前というと秋人くんが生まれて二年後だね。夏雄さんのお父様は秋人くんの将来まで考えていたのかな。そうか！」

　京はマスクを外し、にっこりと笑った。

「もしかしたら夏雄さんのお父様が見つけてほしかったのはこっちの通帳だったんじゃないかな」

「春樹さんはお孫さんの秋人くんにお金を遺したと言うの？」

「これはあくまで想像だけれど、春樹さんはご自身の経験から、未来への贈り物が本当に必要なのは若い人たちだと痛感していたのかもしれない。若い頃の春樹さん自身に資金があれば、もっと研究を深められたはずだからね」

「ねえ京ちゃん、あたしたちも未来への贈り物を作ろうか？　今は年利十パーセントなんてとても無理だけれど、投資信託なども交えて三パーセントで運用できれば、百万円が三十年後には二百四十万円を超えるのよ」

　明日美は未来を見つめる目をした。

第7話 利子が利子を生む「複利」の活用法

数学者である柏木春樹が息子・夏雄のために活用しようとしたのが「複利」の力でした。

ここで改めて利子の種類である「単利」と「複利」について押さえておきましょう。

「単利」では利子は元本だけにしかつきません。元本が百万円で年利（年間の利子）が五パーセントだと、何年預けていようが得られる利子は毎年五万円です。

一方「複利」では元本に利子を加えた金額に利子がついていきます。元本が百万円で年利が五パーセントだと、一年目の利子は五万円、二年目の利子は「(百万円＋五万円)×五パーセント」なので五万二千五百円です。元本を取り崩さない限り、「複利」では利子は年を追うごとに増えていきます。つまり「複利」とは「元本だけでなく利子もまた利子を生む」仕組みなのです。

複利がどれだけの利子を生み出すのか、「単利」と比較して見てみましょう。

百万円の元本を長期間運用するとして、その間の平均の年利が仮に三パーセントだったとします。

元本と利子を合わせた金額は、五年後には複利では百十五万九千二百七十四円になり、単利の百十五万円を一万円近く上回ります。二十年後には複利が百八十万六千百十一円、単利が百六十万円とその差は二十万円以上に開き、三十年後には複利が二百四十二万七千二百六十二円、単利が百九十万円とその差は五十万円以上に広がります。

三パーセントの複利で運用すると元本と利子を合わせた金額は、三十年後には単利の一・三倍近くに増えるのです。

では「複利」の力を活用するには具体的にはどんな金融商品で運用すれば良いのでしょうか。柏木春樹が運用を始めた時代は郵便貯金の十年定期の金利は十パーセントを超えていました。しかし、超低金利の現在、普通預金や定期預金では残念ながら「複利」の力を発揮できません。普通預金の年利は〇・〇〇一パーセント、定期預金の年利は〇・〇〇二パーセント程度です。

現在、「複利」の力を活用できる金融商品としては「無分配型の投資信託」を挙げられるでしょう。投資信託とは、投資家から集めたお金を運用・投資のプロであるファンドマネジャーが株式や債券で運用する金融商品のことです。それらの中で運用成果を元本に蓄積して再投資していく種類を「無分配型の投資信託」と呼びます（これに対して運用成果を投資家に分配する種類を「分配型の投資信託」と呼びます）。

株式などで運用するので長期で見れば年率で三パーセント程度の運用益を出すことも可能でしょう。ただし預金や貯金とは異なり、運用成績によっては金融商品の価値が元本を下回ってしまう元本割れのリスクもありますので、慎重にご判断ください。

最後に「複利」に関連して「七十二の法則」を押さえておきましょう。これは「『複利』で運用した場合、七十二を運用利回りの数字で割ると、元本を二倍にするのに必要な年数がわかる」という法則です。例えば年利三パーセントで運用した場合、元本が二倍になるのは七十二÷三で二十四年となります。年利四パーセントだと七十二÷四で十八年です。資金計画を立てる上で便利ですね。

パート2

【お金の増やし方】

第8話

貯蓄額一千八百十二万円超はリスクもOK 一割から二割を株や投資信託に回そう

総務省統計局の「家計調査」（平成二十九年）によれば、二人以上の世帯の平均貯蓄額は一千八百十二万円で、うち株や投資信託など有価証券の割合は十三・六パーセントだった。金額にして二百四十六万円だ。これを一つの目安として、自らの許容度に応じて株や投資信託でリスクを取ってみよう。リスクを取らなければ大きくは増やせない。

夕食用に買ってきたサンドイッチと、妻の明日美が焼いてくれたクッキーをオフィスの自分の机で食べ終えた京は、もうひと仕事しようと細い指でパソコンのキーを叩《たた》き始めた。一行も原稿を書けないうちにスマホが鳴った。

明日美からだった。

「京ちゃん、今、電話で話しても大丈夫?」

明日美の声はいつもより弾んでいた。こんな時、明日美の次の言葉は決まっている。

「あたし、すごーく面白い話を聞いたの!」

「家に帰ってからでいいかな? 今、手が離せないんだ」

今日は三日ぶりに編集部のオフィスに出社したのだった。特集の編集作業が山場を迎え、朝からパソコンとにらめっこしている。特集の仕事が完全に終わるまで、今週から来週にかけては一日おきに出社しなければならない。

「でも謎めいた話なのよ」

明日美は誘惑するような声を出した。

「話してくれたのは高久《たかく》温子《あつこ》(62)さんというご近所の方で、あたしのお客様なの」

明日美は例によって顧客から話を仕入れてきたらしい。

「温子さん、ご主人の様子がおかしいと言うのよ。ご主人は大手食品メーカーの執行役員を務めた方で、昨年六十五歳で退職したの。以来、悠々自適のはずだったのが、同期で同じ時期に退職した恩田《おんだ》さんという方がガンで亡くなり、彼の葬儀に出席した直後から不眠を訴えるようになったと言うの。最近では夜中にはね起きて『庭で物音がする。泥棒が俺たちの家を狙っているんじゃないか！』と百十番しようとするんだって」

「同期の人が六十代の若さで亡くなって、ショックを受けているんじゃないかな」

「でも温子さんが言うには、ご主人は恩田さんをあまり好いていなかったそうなの。ご主人は温子さんに『あいつの見舞いに行ったら嫌なことを言われた』と話していたそうよ。それだけじゃないの。最近では温子さん自身も、夜中に庭で物音がするように思えてきたと言うのよ。どうする？　続きは京ちゃんが帰ってきてからにする？」

「明日美、意地悪な質問しないでくれよ。僕の人生に必要なのは君とお金と謎だといつも言っているだろう？」

　京は口を尖らせた。謎の香りを嗅ぐともう我慢できない。同期社員の死と夫の異変にはどんな関係があるのだろうか？　庭の物音は幻聴なのか、それとも……。

「高久さんご夫妻は資産家なのかな？」

「大手食品メーカーで執行役員まで務めた方だから、資産はそれなりに持っているわ。ご主人は五十代初めから株や投資信託にも積極的に投資するようになって、今では新興国の企業の株のようなハイリスク・ハイリターンの金融商品も購入されているの。最近は世界的に株価の乱高下が激しくて、やきもきしているかもしれないけれど」

「ご自宅は？」

「立派なお家よ。京ちゃん、その細腕を貸してくれない？　あたし、大切なお客様に安らかな眠りをプレゼントしたいの」


週末、京は明日美とともに高久家の広壮な邸宅を訪ねた。

主人の高久剛《つよし》（66）は、初めのうちは、自身の不眠を明日美と京に打ち明けた妻の温子に苛立《いらだ》ちを隠さないでいたが、京が、

「庭に防犯カメラを設置してみたらいかがでしょうか」

と提案すると、

「いいアイデアだ！」

とマスクの上の目を大きく見開いて身を乗り出した。

「それをあなたにお願いしてもいいのかね？　もちろんカメラ代も手間賃も払うよ」

「お安いご用です。ただ、いただくのはカメラを購入する実費だけで、手間賃はけっこうです。謎解きは僕の趣味ですから」

「君は変わった人みたいだな」

剛は笑った。その表情は精力的で、現役時代はやり手だと言われていたに違いない。

同日の夕刻、京は再び高久家を訪ね、ホームセンターで買った防犯カメラを庭の植栽に取り付け、庭全体を剛のスマホの画面で見られるようにした。

いったん自宅に戻って夕食を食べ、午後九時前に高久家をまた訪れた京は、夜の庭の様子を確認できるかどうか剛のスマホのアプリを起動させた。

防犯カメラには暗視機能が付いていて、部屋から漏れる程度の明かりがあれば被写体を映し出すはずだ。

高久夫妻も明日美も画面を覗き込んだ。明日美の腕の中にはソフィーもいて興味深げに周囲を見回している。

「ちゃんと映っています！　これで人影がよぎるなどカメラが動くものをとらえたら、スマホが警告音を鳴らしてくれるはずです」

京がそう言ったとたんにスマホが鳴った。

画面に映る暗い庭を人影が歩いている。体格からすると男性のようだ。

「京ちゃん……どうする？」

京はまなじりを決するような顔をした。

「僕が出ていって侵入者かどうか確認してみる。僕が声を出したらすぐに百十番して」

そう言って立ち上がったものの足が震えてうまく歩けない。

明日美の腕から飛び出したソフィーに先導され、後ろから来る高久夫妻にも背中を押され、ようやく玄関にたどりついた京はドアを開けた。

三十代の温和な表情の男性が玄関前に立っていた。

「渡《わたる》……」

「お母さん、こちらの方は？」

男性はきょとんとした顔で温子に聞いた。どうやら息子らしい。

「あなたこそどうしてここに？」

「お父さんの様子がおかしいと言うから来てみたんだよ。でも良かった。お父さん、元気そうじゃないか。あ、そうそう、門柱の留め金が取れかけていて、風に吹かれて音を立てていたよ。お父さんが気にしていた物音ってそれだったんじゃないかな」


夕食用に買ってきたおにぎりと妻の明日美が作ってくれたパウンドケーキをオフィスの自分の机で食べ終えた京は、特集の編集作業が完全に終わるまであと一頑張りだとパソコンのキーを叩き始めた。

五分もしないうちにスマホが鳴った。明日美からだった。

「京ちゃん、高久さんのご主人の件だけれど、温子さんが言うには不眠は治らなくて、相変わらず夜中に飛び起きたりするんだって」

「不眠は庭の物音が原因ではなかったんだね」

「そうみたい」

「やはりそういうことか……」

京はうなずき、

「やはりって、京ちゃん、高久さんのご主人の不眠の原因が見当つくの？」

「今、何かが下りてきている」

と言った。


高久家の応接間で京と明日美を出迎えた剛は、目の下にうっすらと隈《くま》ができていた。温子は見るからに心配げな様子だ。

京は向かいに腰掛けるなり、

「これから私がいくつか質問しますので、お答えいただけますか？」

と剛に聞いた。

剛は訝しげな顔をしたが、京はかまわずに続けた。

「今、土曜日の午後三時です。『日が暮れるまでもう数時間しかない』『まだ数時間ある』。ご主人のお気持ちはどちらに近いですか？」

「それは『もう』に決まっている。口の入りまで三時間もないんだからね」

「人生の残り時間についてはいかがですか？『もうこれだけしかない』『まだこれだけあ

る』」

「それも『もう』だな。大げさに言えば死へのカウントダウンが始まっている気さえするよ」

「でもご主人はまだ六十代半ばですよね。今の男性の平均寿命まで生きるとすれば二十年近くあります。先は長いとは思いませんか?」

剛は苦笑し、かぶりを振った。

「君はまだ若いからわからないだろうけれど、この年になると一年一年が勝負なんだよ」

「ご主人がそのように自分の残り時間について強く意識するようになったのは、恩田さんの死がきっかけだったのではありませんか」

「その通りだ。あいつとは同期で同い年で若い時からずっと一緒だったからね」

「やはりそういうことでしたか」

京は満足げにうなずいた。

「今、百パーセント、下りてきました」

京はこちらを見つめる明日美と温子に視線を返し、剛に向き直った。

「ご主人の不眠と、会社で同期だった恩田さんの死には関係があったんですね。妻に聞きましたが、ご主人は五十代初めから株や投資信託にも投資するようになり、今では新興国の企業の株のようなハイリスク・ハイリターンの金融商品も購入されているそうですね。

最近は世界的に株価の乱高下が激しくて、やきもきしているんじゃないかとも聞きました」

「その通りだ」

「だとすれば、ご主人は、恩田さんの死をきっかけに自分の残り時間について意識し始めたことで、株価や投資信託の下落によって資産を失う不安を募らせ、眠れなくなってしまったのではありませんか？　株や投資信託は元本が保証されないので資産を目減りさせるリスクがあります。人生の残り時間が『まだこれだけある』と思えれば、資産が目減りしても『いつかは取り戻せるだろう』と期待できますが、『もうこれだけしかない』という思いだと、期待を持ちにくいですよね」

剛は京を見つめ返し、思い当たるふしがあるとばかりにうなずいた。

「君の言う通りだ。最近、株や投資信託の価格が少しでも下がると『この先、大丈夫だろうか』と不安になって、ひどい時には夜中に焦燥感に駆られて眠れなくなってしまうんだよ。どうしてこんなに心配性になってしまったのか、自分でも理由がよくわからなかったが、確かに人生の残り時間を意識するようになったのがすべての始まりだった」

「ご主人は資産の何割を株や投資信託に振り分けていますか」

明日美が聞いた。

「五割前後だね。割合は五十代のころからあまり変わっていないと思う」

「五割は多すぎるかもしれませんね。どの程度までなら元本割れのリスクがある金融商品に投資して良いのか、その許容度は資産の額や収入、年齢などによって変わりますが、一般的には収入が少なく、年齢が高いほどその割合を抑えて、安全な運用を心がけるべきです」

「本当にその通りだな」

剛は深くうなずいた。

「振り返れば投資を始めた五十代の前半は、株価が下がっても『時間が経てばいずれ回復してくれるはずだ』『いざという時には損切りして別の銘柄に投資し、損失を取り戻せばいい』ぐらいに考えていた。あのころは人生の残り時間を真剣に考えたことなんて、あまりなかったんだな」

剛は遠い目をした。

「恩田に最後に会った時、病床のあいつは私にこう言ったんです。『高久、お前は何事にも強気だけれど、そろそろ前のめり一辺倒の生き方を考え直す時期だと思うぞ』と。私はその言葉を嫌味だと受け止め、こいつは今でも執行役員になった俺に嫉妬しているんじゃないかと勘ぐってしまった。でもそうじゃなかったんだな。あいつは同期として私のことを本気で心配し、忠告してくれたんだ」

翌週の土曜日、京は明日美と買い物に出かけた。

ショッピングモールの大きなサンルーフから降り注ぐ午後の陽光が心地よい。

「こんにちは！」

明日美が驚いた顔をして、すれ違ったカップルに挨拶した。

高久夫婦だった。二人とも表情は晴れやかだ。

「よく眠れていますか？」

京の質問に剛は微笑んでうなずいた。

「株を売って元本割れのリスクがある金融商品の割合を減らしてみたんだよ。持ち株も環境保全のような未来につながる技術を持つ企業の株に買い替えてみた。こう言うと何だか偉そうだけれど、若者や子どもたちのことも考えてお金を運用してみてもいいかなと思ってね。いずれ私たちがいなくなっても、この社会は続くのだからね」

高久夫妻と別れ、買い物と食事を楽しんだ京と明日美は夜、マンションに帰宅した。

その直後にインターホンが鳴り、

「警察の者です。猫ちゃんをお連れしました」

と言った。

ドアを開けると、近所の派出所にいる顔見知りの巡査がソフィーを抱いて立っていた。

「この猫ちゃんのお手柄です」

巡査が笑顔で言う。

「高久さんの家に空き巣が入ろうとしましてね。この猫ちゃんが空き巣にとびかかり顔を引っかいたんです。空き巣が声を出し、おかげで逮捕につながりました。実は付近で空き巣被害が数件発生しており、通報を受けた我々があたりを巡回していたんです。その後、高久さん夫妻が帰宅されて、天ノ川さんの猫ちゃんだと教えてくれました。ご夫妻、大変感謝していましたよ。後日、お礼に伺いたいとおっしゃっていました。ではこれで」

京は得意げな顔のソフィーを巡査から受け取った。

高久剛が「泥棒が俺たちの家を狙っているんじゃないか」と言っていたのは空耳ではなかった。高久夫妻に聞こえた庭の物音はあたりを嗅ぎまわる空き巣の足音だったのだ。

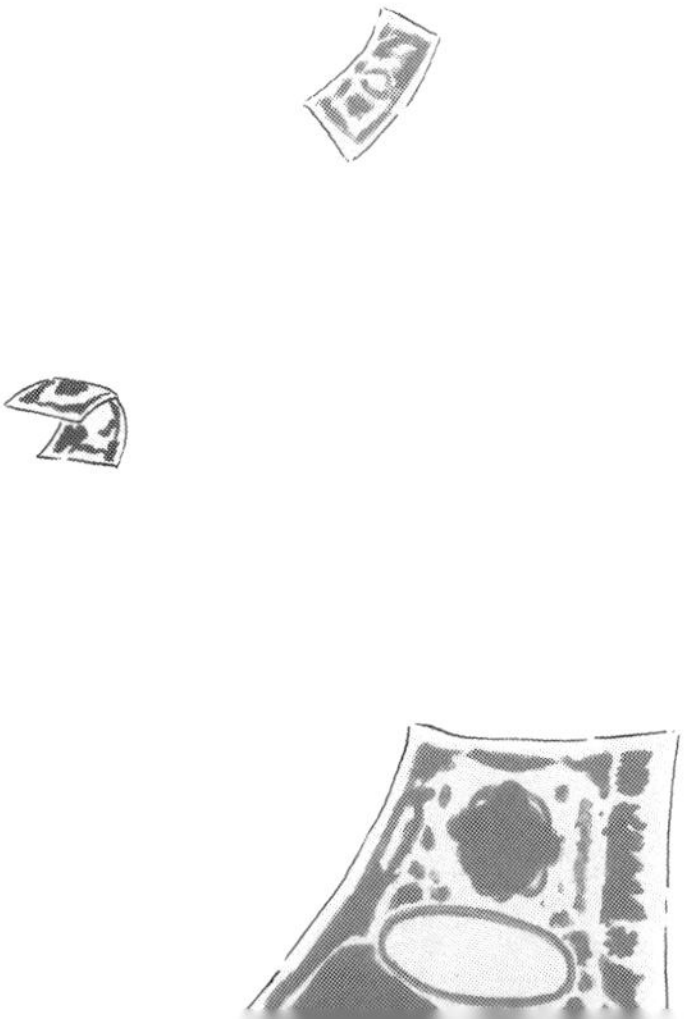

第8話
「リスク許容度」を測る三つの物差し

「安眠できる水準まで株のウェイトを下げなさい」

アメリカの五大財閥の一つであるモルガン財閥の創始者J・P・モルガン(一八三七〜一九一三年)は、「保有している株の見通しが心配で夜眠れない」と訴える友人にこう忠告したそうです。

超低金利の現在、それなりの運用益を得るには第7話の解説で紹介した「無分配型の投資信託」のようなリスクを伴う金融商品での運用もある程度は必要です。では保有資産のうち、どの程度の割合までなら株や投資信託のような元本割れのリスクがある金融商品に投資して良いのでしょうか。

以下の三つのステップを踏むと、資産の額や収入、年齢などに応じた自分視点の許容度が見えてくるはずです。

1、貯蓄額から臨時に必要なお金を差し引く

今の貯蓄額から、自家用車の購入費や旅行の費用、結婚や出産に伴う費用、教育費など、今後一年間で臨時に出費するかもしれない金額を差し引きます。残ったお金は現時点での

「余裕資金」だと見なせます。

2、百から年齢を引いた数をパーセンテージにして貯蓄額に掛ける

百からあなたの年齢を引いてください。四十歳なら六十、六十歳なら四十となります。これらの数字をパーセンテージにして、貯蓄額に掛けます。四十歳なら六十パーセント×貯蓄額で、貯蓄額が三百万円なら百八十万円です。

3、1と2を比較する

1の金額と2の金額を比較して、より少ない金額を「今後一年間でリスクが伴う金融商品に回せる上限の目安」とします。

「1の『余裕資金』は理解できるが、2の百から年齢を引く計算式の意味がわからない」という読者は少なくないでしょう。百から年齢を引いたのは、年齢が上がるほどリスクの許容度が下がるからです。

現役のビジネスパーソンで、老後までまだ二十年、三十年以上の期間があれば株式や投資信託に思い切って振り向ける選択も可能でしょう。損失が出ても十分取り戻せる時間があるからです。一方で高久剛のように高齢者の仲間入りをした人はその割合を抑えて、安全な運用を心がけるべきです。

またリスクを抑えるためだとして、評価額が元本から一定の割合以上に下がってしまうと、それ以上の評価損を出さないように自動的に解約される投資信託などがありますが、筆者はあまりお勧めしません。評価額がいったん下がっても、いずれまた上がるかもしれないのに、解約ライン（損切りライン）が設定されているとその時点で損失が確定し、失ったお金を取り戻せなくなってしまうからです。リスクを取る時には、売却するのも長期に保有するのも自分の意思でできることが大切だと思います。

また、若くても臨時に必要となる現金が多い人や、預金の保有額が少ない人は、まず預金を増やすことから始めるのが賢明でしょう。

パート2

【 お金の増やし方 】

第9話

デフレとインフレで異なる合理的な行動 物価上昇分以上の利回りを狙おう

「デフレ復活」などという言説に騙《だま》されないようにしよう。私たちは物価が下がり続けるデフレに慣らされてきたが、総務省が毎月発表する全国消費者物価指数は上昇を続けている。デフレでは低利でも預金で運用するのが合理的だった。しかし今ではリスクを取ってでも物価上昇分以上の利回りを期待できる金融商品で運用することこそ合理的だ。

京がこしらえた半熟煮卵と、明日美が焼いてくれたパンケーキを朝食に食べ終え、ソファでコーヒーを飲みながらよもやま話をしたり新聞を読んだりしていた時、明日美のスマホが鳴った。

明日美は電話の相手としばらく言葉を交わし、

「嘘でしょう⁉」

と驚いた声を出した。

京は明日美の様子が気になったが、そろそろ仕事を始めなければならない。今日中にコラムの原稿を書き上げなければならないのだ。

パソコンを立ち上げ、資料に目を通してからキーボードを打ち始めて間もなく、明日美がドアをノックして開け、京をじっと見つめた。

「京ちゃん、さっきの電話だけれど」

明日美の声はいつもより弾んでいたが、その大きな瞳には緊張がにじんでいる。

こうなると明日美の次の言葉は予測できない。

「あたし、大変な話を聞いてしまったの」

「お昼ご飯の時でいいかな。この原稿、けっこう時間がかかりそうなんだよ」

「差し迫った話なのよ。それに京ちゃんの謎解きの才能が必要だわ」

明日美は懇願するような声を出した。

「電話は大学時代のゼミの後輩の篤田律子《とくたりつこ》（33）からで、いきなり『健ちゃんがいなくなっちゃったの。帰ってこないの！』と言うのよ」

「健ちゃんって？」

「律子のご主人。一昨日の土曜日、律子はお金をどう運用するかでご主人の健一《けんいち》（31）さんと喧嘩をしてしまったんだって。それで健一さん、夜中にアパートを出て行ったきり日曜日も帰ってこなかったそうなの。電話しても出ないし、メールを打っても返信してくれないと言うのよ」

「それって……つまりよくある夫婦喧嘩だよね」

「律子、健一さんのことが心配になって今朝早く、会社に電話したそうなの。健一さんはリモートワークはほとんどなくて、ほぼ毎朝八時までに出社しているんだって。ところが午前九時近くになっても健一さんは出社していないと言われて、それであたしのところに電話してきたの」

「警察には通報したの？」

「あたしも同じことを聞いたわ。『事件に巻き込まれたとは限らないから、まだしていない』って。そう言いながら律子、本当に心配しているわ。昨晩は一睡もできなかったみたい。それでね……健一さん、出て行く前にイタズラみたいなことをしていったと言うの。どうする？　続きは今晩、帰ってきてからにする？」

「明日美、意地悪な質問しないでくれよ。僕の人生に必要なのは君とお金と謎だといつも言っているだろう？　イタズラみたいなことって？」

京は口を尖らせた。推理小説を愛し推理作家を目指している京は謎の香りを嗅ぐともう我慢できない。

「健一さん、コーヒーカップにスプーンを入れて、律子の鏡台の前に置いていったんだって。京ちゃん、その細腕を貸してくれない？　あたし、後輩に安らかな眠りをプレゼントしたいの」


編集部での打ち合わせを終えた後、明日美と合流して律子のアパートを訪ねた京に、律子は、

「こんなこと初めてだから、どうしていいかわからなくて……」

と声を震わせた。憂いを漂わせた目は優しげだが、芯の強そうな顔立ちをしている。

「お金をどう運用するかでぶつかってしまったそうですね？」

京の質問に律子はうなずいた。

「夫はコンピューターシステム会社でシステム・エンジニアをしています。セキュリティーの問題もあって、ほとんど会社に出社して仕事をしています。あたしは近くの保育園で保育士として働いていて、二人でこつこつと給料を貯めたおかげで先日、預金残高が『まず

はこれだけは貯めたいね』と言っていた目標の金額を超えたんです」

「目標の金額って？」

　明日美が聞いた。

「五百万円……持っている人からすれば大きな金額ではないけれど」

「そんなことない。大したものよ」

「それで健ちゃん、『このお金をもっと増やすために株や投資信託に投資しよう』と言い出したんです。あたしは反対しました。『元本が保証されない株や投資信託なんて危険だと思う。給料が減ってしまうかもしれない時代なんだから、預金で安全に運用するべきだ。預金は減らないから』って。健ちゃんは納得してくれないどころか、『投資してお金が増えたら、いずれそれを頭金にして住宅ローンを組みたい』なんて言い出したんです。あたしは、それにも反対しました。そうしたら『君とはお金についての考え方が相容《あいい》れない』とすねてしまって……」

「それで出て行ってしまったんですね」

　律子は「はい」と返事してうなだれた。

「健一さん、出て行く前にイタズラみたいなことをしていったそうですね。そのままにしてありますか？」

　律子は寝室として使っている六畳間に京と明日美を案内した。

部屋の隅に三面鏡ドレッサーが置かれ、白い磁器のコーヒーカップがテーブルの上に載せられていた。

コーヒーカップは空で、銀のスプーンが挿してある。

「素敵なコーヒーカップね。でも何でこんなところに？」

明日美が聞いた。

「これ、いつも健ちゃんが使っているコーヒーカップとスプーンなんです。なぜ鏡の前に置いたのか、わけがわからなくて……」

「スプーンはいつもこのようにソーサーには置かず、コーヒーカップに入れているのですか」

「コーヒーを飲む時にそうしているんです。健ちゃんは猫舌で、少し冷めるまで、子どもみたいにスプーンですすって飲むので……」

「これまでにこの手のイタズラをしたことはありましたか」

「ありません。イタズラどころか冗談もあまり言わない生真面目な人だから」

「もしかしたらこれは健一さんのメッセージかもしれませんね。律子さんに伝えたいことがあるのかも……」

明日美と律子が顔を見合わせた。

京は、

「今、何かが下りてきています」

と言った。

京は三面鏡ドレッサーのテーブルに載せられたコーヒーカップを手に持った。

「健一さんは律子さんに居場所を察してもらおうとこんなイタズラみたいなことをしたのかもしれません。普段使っているカップにわざわざ銀のスプーンを挿した。健一さんはそのことで、いつもこのカップで飲んでいる中身、つまりコーヒーを示そうとしたのではないでしょうか」

律子が怪訝な顔をした。

「コーヒーを示したことと、健一さんの居場所とどんな関係があるの？」

明日美が聞いた。

「中身のことを英語で何と言う？」

「コンテンツでしょう」

「他にはない？『中身の』とか『正味の』という意味で使う英単語は？」

「ネット……」

「そう、ネットだよ。もしかしたら健一さんはネットカフェにいると律子さんに伝えたかったんじゃないかな。カフェは喫茶店のようなお店を指すけれど、もともとはコーヒーを意味するフランス語あるいはイタリア語だ。それにネットカフェならノートパソコンを持ち込んで仕事ができる」

「でもどうして鏡の前なの？　あ……そう言えば……」

明日美が目を大きく見開いた。

「駅前にミラーズというネットカフェがあるわ！」


京と明日美、律子の三人は駅前の商店街にある『ネットカフェ・ミラーズ』を訪ねた。

律子が受付係の若い従業員に、

「篤田健一が客として来ていると思うのですが」

と聞いたとたん、
従業員は驚いた顔をして、

「奥様ですか⁉」

と聞いた。

うなずく律子に従業員は「篤田様は今、病院にいます。三十分ほど前、突然、腹痛を訴えて、私たちが病院に連れていったんです」

「そんな！」

律子の顔から血の気が引いた。

健一が担ぎ込まれたのは商店街の奥にある総合病院だった。

ベッドに横たわっていた健一は、京と明日美、そして律子が病室に入ってきたのに気づき、バツの悪い顔をした。点滴を受けているが顔色は悪くない。

「心配したのよ！」

律子が目に涙を浮かべなじるように言った。

「ごめん……」

健一はすまなそうに呟いた。ふっくらした童顔のせいで母親に怒られている子どものようにも見える。

「どんな具合なの？」

「どんなって……何が？」

「健ちゃんの体に決まっているじゃない！」

「軽い食中毒だって。昨日の夜に買ったおにぎりを昼に食べたら当たっちゃったみたいなんだ」

律子はため息をついた。

「どうして出て行ったりしたんですか？」

明日美が聞いた。

「がっかりしたというか、何だか気が抜けてしまって……」

健一はしばらく押し黙り、律子を見て続けた。

「律ちゃん、時々『あとほんの少しだけお金に余裕があったらいいのに』なんて言っていたよね。だから僕、律ちゃんのためになんとかしなければと思っていたんだ」

「だからって株や投資信託に投資するなんて危険だわ」

「ちょっとよろしいですか？」

京が口を挟んだ。

「律子さん、『給料が減ってしまうかもしれない時代なんだから、預金で安全に運用するべきだ。預金は減らないから』と言われたそうですね。でも今はそうとは限らないんじゃないかな」

「どういうこと？」

「ほんの一昔前までは、確かに律子さんの言う通りだったのよ」

明日美が続けた。

「あのころはデフレでモノの値段が下がり続けていたので、預金していればお金は減らなかった。それどころかデフレではモノの値段が下がり、お金の価値が上がるから、預金の価値は上がり続けたわ。でもモノの値段が上がり出すと、歯車は逆に回り出すの。お金の価値が下がるから、預金の価値も下がってしまう。リスクを取らず安全に運用したつもりでも目減りしてしまうのよ」

明日美は一拍置いて、さらに続けた。

「だからモノの値段が上がる時代には、リスクを取ってでも物価上昇分以上の利回りを期待できる金融商品で運用した方が合理的だとも言えるの。健一さんが言っていた住宅ローンにしても、お金の価値が下がっていくので返済が有利になる場合もあるわ。買い物も待っていると値段が上がってしまうので早く買った方がいいかもしれない。まるで鏡の中の世界のように、合理的なお金の貯め方や使い方が反対になってしまうのよ」

「そうか！」

京が腑《ふ》に落ちた顔をした。

「今、百パーセント、下りてきました。健一さんがコーヒーカップを鏡の前に置いたのは、そのことを伝えたかったからですね」

「ええ……そのつもりでした。律ちゃん、頑固なところがあるから、僕が言葉で言うよりも、僕の謎かけを自分で解こうとする過程で気づいてくれたらと思ったんです」

「あたし、心配で謎解きどころじゃなかったわ」

律子は泣き笑いのような顔をした。

書斎の壁掛け時計が午後六時を知らせた。京は仕事を切り上げようとパソコンのキーボードから手を離したが、思い直して再び原稿を書き始めた。

今日は律子と健一のことで午後外出していたので、仕事は予定よりも進んでいない。

五分もしないうちにスマホが鳴った。明日美からだった。

「けっこう思い切ったアドバイスをしたわよ」

明日美はいきなり言った。

京が会社に戻った後も明日美は病室に居残り、律子と健一に貯めた五百万円の運用について助言したのだった。

「二人は共働きで年齢が若いから、五百万円のうち四割程度はリスクを取って投資信託などで運用してもいいと言ったの」

「律子さん、納得してくれたの？」

「もちろん！　律子、『オタクで子どもっぽいと思っていた健ちゃんがここまであたしのことを考えてくれていた』なんて言っていたわ。今度のことはまさに雨降って地固まるね」

「夫婦なんだから夫が妻のことを考えるのは当たり前だよ」

「あら京ちゃん、あたしのことをそこまで考えてくれているの？」


三日ぶりに出社して編集作業を行い、早めに退社して自宅の最寄り駅まで戻ってきた京は、駅ビルの中にあるショッピングモールの輸入雑貨店に立ち寄った。

律子から三面鏡ドレッサーのテーブルに載せられたコーヒーカップを見せられて、

「白い磁器のコーヒーカップが欲しい」

と明日美が言っていたのを改めて思い出したのだ。

店頭には以前、明日美が「素敵！」と言っていたコーヒーカップのセットが今も陳列されていた。

二客で一万五千円という値段に京は一瞬たじろいだが、

「買い物も待っていると値段が上がってしまうので早く買った方がいいかもしれない」

という明日美の言葉に背中を押され、手に取った。

京がマンションのドアノブに鍵を差し込もうとしたその時、ドアが開き、明日美が大きな瞳を見開いて夫を出迎えた。唇を嬉しそうに逆への字形に曲げている。

「あたし、思い切って買っちゃった！」

ダイニングテーブルの上にあるモノを見た京は我が目を疑った。白い磁器のコーヒーカップだ。

夫婦でそれぞれ一セットずつ買ってしまったのだった。

第9話 デフレとインフレでは合理的な運用法が変わる

コロナ禍に見舞われた二〇二〇年から今年にかけて物価は下落しました。

総務省によれば、二〇二〇年の消費者物価指数(私たちがふだん購入している消費やサービスの値動きを測定した指数、二〇一五年を一〇〇とする)は、変動の大きい生鮮食品を除く総合指数が一〇一・五と、前年に比べて〇・二パーセント下がりました。四年ぶりの下落です。

理由はコロナ禍で私たちの社会・経済活動が制約され、外食やレジャー、ファッション、公共交通機関などの需要が低迷したからです。世界的に人の移動が制限され、それに伴って原油の需要が減少して油価が下がり、電気代などの光熱費が下がったことも物価を下押ししました。

加えて消費者物価指数は私たち消費者が支払った金額をもとに計算するので、政府の観光需要喚起策「GoToトラベル」によって宿泊料や現地での買い物が実質割引になったことも物価を押し下げました。

しかしアメリカの製薬会社ファイザーや同モデルナなどのワクチンの接種がイギリスやアメリカを中心に進むにつれて、社会・経済活動への制約が解かれる期待から原油価格が上昇しており、それに伴ってガソリンや灯油などのエネルギー価格も上昇しています。今後は食料品やファッションなどの値段も上がっていくでしょう。

この変化は私たちのお金との付き合い方にも影響を与えます。明日美が言うように「物価が下がる時と上がる時とでは合理的な行動が変わる」からです。

物価が下がり続けるデフレの時には、低利でも預金で運用するのが合理的でした。モノの値段が下がると、お金の価値は実質的には上がるからです。年利〇・〇〇一パーセントという超低利の普通預金に預けていても、物価が一年間で一パーセント下がったら、普通預金の実質金利は「〇・〇〇一パーセント＋一パーセント」で一・〇〇一パーセントになり、預けていたお金の価値は一パーセント強上がります。

しかしモノの値段が上がるとそうはいきません。年利〇・〇〇一パーセントの普通預金に預けていて、物価が一年間で一パーセント上がった場合、実質金利はマイナス〇・九九パーセントになり、預けていたお金の価値は目減りしてしまいます。

物価上昇時にはリスクを取ってでも物価上昇率以上の利回りを期待できる金融商品で運用した方が合理的だと言えるのです。住宅ローンなどの借金にしても、お金の価値が下がり続けるので返済が有利になる場合もあります。

私たちはデフレ下でのお金との付き合い方に慣らされてきました。「モノの値段は下がり続けるので、買い物は先延ばしした方が得だ。その分のお金は普通預金かタンス預金でじっと持っていよう」という発想はその典型でしょう。

しかし物価が上がる時には、リスクを取らない姿勢が資産価値の目減りというリスクを招きかねません。これまでの発想を新たにする必要が出てきています。

パート2

【お金の増やし方】

第10話

停滞が続く日本の円だけでの運用は危険 高利回りの外貨に目を向けよう

外貨での運用には円建ての金融商品にはない魅力がいくつもある。超低金利が続く日本よりも金利の高い国や地域は先進国、新興国を問わずいくつもあるし、金利が高く、経済成長を期待できる国や地域の通貨は円に対する為替相場が上昇する可能性もある。長期運用で為替リスクを減らしながら、停滞が続く日本からお金を脱出させよう。

京は寝癖がついた髪を右手で押さえながらマネー誌の編集部に駆け込んだ。

時刻は午後一時を回っている。

一カ月に一回開かれるアイデア会議は午前十時からだ。とっくに終わってしまっただろう。まさか昼近くまで寝過ごしてしまうとは思わなかった。

席に着こうとした京は、編集部の様子がいつもとは違うのに気づいた。

見知らぬ男が京のデスクを使い、パソコンに向かって仕事をしているのだ。

京は「どういうこと？」という顔で編集部員たちを見回したが、誰も何の関心も払ってくれない。まるで、

「君はもうこの職場の人間ではないのだよ」

とでも言いたげだ。

混乱する京の耳元で「京ちゃん」と呼ぶ声が聞こえた。

聞き覚えのある声だ。

「京ちゃん！」

京は目を開けた。明日美が京を覗き込んでいた。

夢を見ていたのだった。

特集の校了後、代休を取ってソファでぼんやりしているうちに眠ってしまったのだ。

「京ちゃん、あたしのクライアントのことで相談に乗ってほしいんだけれど」

「後でいいかな？　眠いんだ」

「眠気覚めると思うよ。だって謎めいた話だから」

明日美は京の返事を待たずに話し始めた。

「あたしのクライアントに横沢由美《よこざわゆみ》さんという四十代半ばの主婦がいるの。子どもはいなくて、夫の誠二《せいじ》さんと二人暮らしなんだけれど、由美さん、誠二さんの様子がこの一、二カ月間ずっとおかしいと言うのよ。ため息ばかりついて、何か話しかけても上の空で、ある時、遠くを見るような顔をして『もうすぐあそこへ行ける』とポツリと呟いたそうなの。それだけじゃないのよ。つい先日も『もう投げるしかないか』と思いつめたような顔で独りごとを言っていたんだって」

「何だか穏やかじゃないね。『もうすぐあそこへ行ける』だなんて、まるで自殺を考えているみたいじゃないか」

「由美さんもそれを心配しているのよ。誠二さんは食品メーカーで開発を担当しているんだけれど、仕事が行き詰まってしまっているんじゃないかって」

「確かに『もう投げるしかないか』なんて言うのは、取り組んでいたプロジェクトの達成を放り投げる……つまり諦めるようにも聞こえるよね」

「でしょう？　それでね、今週の土曜日、由美さんと誠二さんは、誠二さんの五十歳の誕生日を祝ってレストランで食事するの。駅前にある『ヴィヤージュ』というフレンチの店よ。由美さん、できればあたしに隣の席に座ってもらって、誠二さんの様子を見てほしいと言うのよ。京ちゃん、付き合ってくれないかな。一緒にヴォヤージュで食事してほしいの。嫌かしら?」

「嫌なわけがないだろう?」

京は起き上がった。眠気はとっくに覚めていた。

「僕の人生に必要なのは君とお金と謎だといつも言っているじゃないか」

「それに美味しいフレンチを食べられるしね」


土曜日の午後六時、京と明日美はヴォヤージュのしゃれた西洋風の木製ドアを開けた。ヴォヤージュで食事をするのは二度目だが、オーナーシェフも、ウェイトレス兼ソムリエの妻も二人を覚えていて、奥まった場所のテーブルに案内してくれた。

明日美が由美から壁際の席を取ったと聞き、一つおいた隣の席を指定したのだ。コロナの感染対策でテーブルの半分は座れないように座席を取り払っている。そのせいか、ほかに客はいないので声が通りやすく、由美と誠二の様子を窺うには都合が良かった。

京と明日美がワインを飲みながら前菜を食べ始めたころ、由美と誠二が店にやってきた。

京は二人の様子を観察した。

今晩のことは由美とは示し合わせているが、誠二にはもちろん内緒だ。

誠二は細面で短髪をきっちり七三に分けている。表情には生彩が無く、そのせいか五十歳という年齢よりもやや老けた感じがする。対照的に由美は少しふっくらとしていて快活な印象だ。

二人は赤ワインで乾杯し、食事を始めた。初めは黙りがちだった誠二だが、いくらか酔いが回り始めたのだろう。次第に口が滑らかになっていった。

京は明日美との会話をやめて、聞き耳を立てた。

話題は近所に住む知人の近況から始まり、やがて二人の結婚生活へと変わっていった。

「結婚してもうすぐ二十年になるんだね」

誠二はしみじみとした口調で言う。

「君にはこれまで何にもしてあげられなかったな」

「そんなことはないわよ」

「覚えているかな。新発売した冷凍食品に異物が入っていて、その対応で新婚旅行がおじゃんになったことを……」

「あなただけハワイからとんぼ返りをしたのよね」

「あの時はつくづく宮仕えが嫌になったよ」

会話が唐突に途切れた。誠二が言葉を呑み込み、厨房《ちゅうぼう》から出てきて客に料理の内容を説明するオーナーシェフを見つめたのだった。

そう言えば誠二はさっきからしきりにオーナーシェフや、ソムリエを務めるその妻の姿を目で追いかけていた。

何か気になることでもあるのだろうか。それとも知り合いなのだろうか。

「かわいい猫ちゃんがいるよ！」

ドアを開けて入ってきた常連らしい男性客がオーナーシェフに声をかけた。

「お店の猫ちゃんかな？　ドアの前にちょこんと座って、中に入りたそうにしていたけれど……あ！」

「あ！」

京と明日美も同時に声を出した。

ドアの隙間から店内に飛び込んできたのはソフィーだった。

店内を横切ったソフィーは明日美の膝にちょこんと乗って「にゃあ」と満足げに鳴いた。

店内にいる全員が——オーナーシェフもその妻も、そして誠二もいっせいに明日美に注目した。

「あなたは……たしか妻の……」

誠二が明日美に話しかけた。

「ファイナンシャルプランナーの方ですよね？」

明日美はきまりが悪そうな顔をしている由美に目配せして「ええ……偶然ですね」と誠

二にぎこちなく笑いかけた。

京、明日美、由美、誠二の四人は一緒に店を出た。時刻は午後九時過ぎ、駅前にそびえるテナントビルの大型画面ではテレビのニュース番組が流れている。「今日、全国で確認された新型コロナの感染者数は五百人超……」。コロナ感染の勢いは増しもせず、しかし衰えもせず、感染者数は横ばいを続けている。

ニュースが経済関連に変わった。

誠二が立ち止まり、大型画面を見上げた。

京は誠二と大型画面とを交互に見た。

誠二が食い入るように視線を注いでいるのは為替のニュースだった。昨日に比べてさらに対米ドルで円高が進んだとニュースは報じている。

駅前の交差点で誠二・由美夫妻と別れた後、京はしばらく考え込み、明日美に聞いた。

「誠二さん、『もう投げるしかないか』と独りごとを言っていたそうだけれど、『投げる』という言葉、投資や運用でも使ったりするよね？」

「ええ、損を承知で株や債券などを売る時に『投げる』と言うことがあるわ」

「やはりそうか」

京は立ち止まり、うなずいた。

「今、何かが下りかけてきている」

一週間後、京と明日美は誠二・由美夫妻の自宅マンションを訪ねた。

京たちの来訪の意図がわからず怪訝な顔をする誠二に、京は、

「誠二さんの様子がこのところおかしいと由美さんは心配していて、妻の明日美に相談を持ちかけていたんです」

と事情を説明した。

「誠二さん、単刀直入に聞きますが、もしかして由美さんに黙って値下がりのリスクがある金融商品に投資していませんか」

「え⁉」

「それは外貨ではありませんか？」

誠二は驚いた顔をした。

「どうしてそれを知っているんですか？」

「知っているわけではなく、あくまで僕の推理です。というのも誠二さんは先週、大型画面に流れる為替のニュースを熱心にご覧になっていましたよね。それから誠二さんは『もう投げるしかないか』と独りごとを言っていたそうですが、損を承知で金融商品を売る時に『投げる』と言ったりします。それで誠二さんは外貨での運用成績が気になって仕方が

ないんじゃないかと思ったんです」

「恐れ入りました。そこまでお見通しだとは……」

　誠二はうなずいた。

「二年半ほど前に米ドル建ての債券を買いました。利回りがおよそ二・五パーセントと、預貯金はもちろん円建ての債券よりもずっと高いですし、ドル高・円安になれば為替差益も取れますからね。でも失敗でした。為替相場は思惑とは異なり、この二年半ほどで一ドル＝百十七円台後半から百十円台へと円高に振れて、為替差損を被ってしまいました。今は利金を入れたトータルでも評価損が出ている状態です」

「ご主人はなぜ米ドル建ての債券を買おうと思ったんですか？　何か目的がおありだったんですか」

　明日美が聞いた。

　誠二は照れ臭そうな顔をして言いよどんだが、心配げな由美の顔を見て真顔になった。

「来年、私たちは結婚二十周年を迎えるんです。それで来年の結婚記念日に、外貨の運用益で妻にサプライズプレゼントをしようと考えていたんです。結婚して以来、私はずっと食品メーカーでの開発の仕事に追われて、妻をねぎらうことが何ひとつできませんでした。食品メーカーは競争が厳しくて、並大抵の努力では他社に勝てる商品を生み出せませんから」

「どんなプレゼントを考えていてくれたの？」

由美が聞いた。

「屋久島や奄美《あまみ》大島を回る旅なんかいいんじゃないかなと思っていたんだ。離島ならコロナの心配はあまりないし、君は屋久杉を見てみたいとよく言っていたからね」

京が言う。

「それで誠二さんは『もうすぐあそこへ行ける』などと呟いたりされたのですね」

「そこまでご存知でしたか」

誠二は苦笑した。

「私たちは海外旅行どころか長い国内旅行さえしたことがなかったので、順調に運用の成果が出ていた時には『船旅をプレゼントできる』と考えるだけでわくわくしたんです。しかし、ぬか喜びでした。やがて為替相場が対米ドルで円高に振れ出して、旅行に行く運用益どころか、評価損が出てしまい、これ以上の損失を防ぐためには損を覚悟で売った方がいいのではと考えるようになったんです」

「それで『もう投げるしかないか』などと独りごとを言われたんですね」

京の質問に誠二はうなずき、由美を見た。

「申し訳なかったね。サプライズプレゼントを贈って喜んでもらうつもりだったのに、逆に心配をかけてしまった」

由美は優しくかぶりを振った。

「あなたのその気持ちだけでも嬉しいわ」

「あの……ご主人は本気で『投げる』つもりですか？」

明日美が口を挟んだ。

「お持ちの債券は償還が近いんですか？」

「いえ、購入したのは新規に発行された新発債ですから、償還まではまだ七年以上あります」

「だったら長期保有を考えたらどうでしょう？　一般的に外貨での運用は短期の物差しで測ると為替リスクが大きく見えますが、長い物差しで測ると、つまり長い目で見るとリスクの幅は小さくなっていくんです。なぜなら今は円高に振れていても、いずれ円安に傾く可能性があるからです」

「今は売るべきではないと？」

明日美はうなずいた。

「ファイナンシャルプランナーとしてそう進言したいですね。それに米ドルに限らず、外貨を保有すると、その国の景気や経済に関心を持つようになり視野が広がります。ご主人もそうではありませんか？」

「確かに新聞などでアメリカや世界の経済の記事をよく読むようになりました」

「だったらなおさらです。ぜひもうしばらく保有してみてください」

誠二は明日美と由美を交互に見て、コクリとうなずいた。


誠二・由美夫妻の自宅マンションを出たところで明日美は笑みを浮かべ、

「一件落着ね！」と言った。

「そうだね……」

「何だかスッキリしない顔ね」

「そうだね……」

誠二がこの一、二カ月間ずっとおかしかった理由は、米ドル建ての債券の評価損だけが理由だったのだろうか。

由美によれば、誠二はため息ばかりついて、何か話しかけても上の空だったという。債券の評価損だけでそこまで精神的に追い込まれてしまうものだろうか。

それに為替相場が対米ドルで円高に振れたのはこの一、二カ月ではなく、もっと前からなのだ。

気になることはまだある。

先週、ヴォヤージュの店内で誠二はしきりにオーナーシェフやその妻の姿を目で追いかけていた。あれは何だったのだろう？

第二特集の編集作業がいよいよ大詰めを迎えようとしていた金曜日の朝、京は新聞を取ろうと手を入れたマンションのポストにしゃれたデザインの封筒が投函《とうかん》されているのに気づいた。

差出人は横沢誠二だ。

封を開けた京は部屋に戻り、

「今、完全に下りてきた！」

と明日美に言った。

封筒に入っていたのは京のマンションの近所にオープンしたイタリアン・レストランのクーポン入り招待状と、誠二の自筆の手紙だった。

手紙にはこう書かれていた。

「私、この度、勤務する食品メーカーがアンテナショップとして開業するイタリアン・レストランの店長に異動となりました……」

その夜遅く、京は明日美とともにイタリアン・レストランを訪ねた。

客はすでに二組ほど来ており、店長の誠二はすぐに二人に気づき、

「いらっしゃいませ！」

と笑顔で挨拶した。

表情には生気が蘇《よみがえ》り、白い制服が眩《まぶ》しく見える。

テーブルに着いた京はおしぼりを持ってきてくれた誠二に「奥様が心配するほど様子がおかしかったのは、今回のご異動のこともあったのですね？」と聞いた。

誠二は深くうなずいた。

「会社からアンテナショップの店長をやってみないかと打診されましてね。私、五十歳で職種転換ができるだろうかと不安になってしまったんです。あまりにリスクが大きい転身じゃないかって。ちょうどリスクを取って運用していた米ドル建ての債券が為替差損を出してしまったこともあって、リスクに尻込みしていたんですね。でも『長い目で見たらリスクの幅は小さくなる』と明日美さんに言っていただいて、何だか目の前が明るくなりました。今の時代、六十五歳はおろか七十歳まで仕事人生は続くかもしれません。人生百年時代なんだから、長い目で見たら転身も悪くないなって思えるようになったんです。外貨での運用で視野が広がったように、新しい仕事もきっと視野や経験の幅を広げてくれるはずですからね」

第10話　停滞が続く日本の円だけでの運用は危険　高利回りの外貨に目を向けよう

第10話
外貨での運用は金利と為替リスクのバランスを

九六ページの解説（第5話）で、日本はもはや金持ち国ではなく、その原因は経済力の低下だと書きました。実は私たちを悩ます超低金利も、もとをたどれば経済力の低下が発端です。マイナス金利に代表される超低金利政策は、企業が容易にお金を借りられるようにして経済活動を活発にするためでした。市中に流通するお金を思いきり増やす量的緩和の目的の一つは、物価を上げて「今、買わないと値段が将来もっと上がってしまう」と私たちに思わせ、消費を伸ばすためでした。

日本経済の現状ではこれらの金融政策が出口を迎えるのはずっと先でしょう。経済活動が活発になり、企業の資金需要が高まって金利が上がることを「良い金利上昇」などと言いますが、そのような状況へと好転する兆しは今のところまだ見えません。

それを考えれば資産の一部を外貨で運用するのはとても合理的です。外貨預金や外貨建てのマネーマーケットファンド（外貨建ての短期証券で運用する債券ファンド）など、外貨建ての金融商品には円建ての金融商品にはない魅力がいくつもあるからです。

一般的に経済成長率が高い国は金利も高い傾向があります。企業の資金需要が高い、すなわちお金を借りてでもビジネスを始めたり拡大したりしたい人が多いので、金利を高めに設定できるからです。

また金利が高く、経済成長を期待できる国や地域の通貨は、円に対する為替相場が上昇する可能性があります。金利が高い通貨で運用すれば運用成績は上がるので、多くの投資家がその通貨を買いたがり、為替相場を押し上げるからです。横沢誠二が高い利回りと為替差益を期待して米ドル建ての債券を購入したのは合理的な選択だったのです。

しかし外貨での運用にはリスクがあります。円に対する為替相場が下がると為替差損が発生し、その下落幅によっては金利分を入れても評価損が出てしまいます。誠二が直面したのはまさにこのリスクでした。

しかも為替を見通すのはプロでも至難の業です。金利は為替に大きく影響しますが、為替相場を決めるのはそれだけではありません。安全保障面でのリスクや中央銀行の金融政策も為替相場を動かす要因となります。日本の輸出企業を悩ました一ドル＝百円を上回る円高が是正されたのは、二〇一三年四月以降の黒田東彦日銀総裁による金融緩和政策がきっかけでした。利下げなどの金融緩和政策は一般的に為替相場を押し下げることにつながります。

運用に当たって大切なのは、明日美が言うように長期の視点でしょう。短期で運用しようとすると、短期的な為替変動の影響を受けやすく、どうしてもハイリスク・ハイリターンになりがちです。逆に長期になればなるほど為替相場の変動が平準化されるので、安定した運用成果を得られる可能性が高まります。

加えて外貨で運用すると、その国の経済や政治、その国に影響を与えるグローバル経済の動向にも関心を持つようになり、視野が広がるメリットもあります。これもまた外貨での運用の魅力だと言えるでしょう。

パート2

【お金の増やし方】

第 11 話

投資のリスクを分散する「国際分散投資」まずは投資信託を検討してみよう

様々な国々の様々な金融商品に分散して投資する方法を「国際分散投資」という。その利点はリスクを抑え、長い目で見れば安定したリターンを得られることだ。しかもインターネットの発達・普及によって以前よりずっと手軽に行えるようになった。先進国・新興国の金融商品を組み合わせた投資信託もある。

「分散投資についてわかりやすく書いていたあの本、どこに置いたかな?」

京はパソコンのキーボードを打つ手を止め、壁の書棚を見上げた。目当ての本は一番上の段にあった。

今日は土曜日で休みだが、明後日《あさって》の締切に間に合わせるため、朝から第二特集の原稿を書いているのだ。

京は、いつもはコーヒーを飲んだり軽食をつまんだりするための一本足のカフェテーブルに足をかけ、書棚に手を伸ばした。

書斎のドアが突然開いた。

「京ちゃん、何やっているの!」

「ああっ!」

驚いて体勢を崩しかけた京を、明日美が何とか支えた。

「カフェテーブルを踏み台なんかに使わないでよ!」

「ちょうどいい高さだったから」

「納戸に脚立があるでしょう? それよりも聞いてほしいことがあるのよ」

明日美が切迫感を顔に漂わせた。

「あたしのクライアントに、一《ひと》ツ木《ぎ》順子《じゅんこ》さんという五十代半ばの主婦の方がいるの。さっき順子さんから電話がかかってきて、息子さんのことで大変な相談を受けたのよ。息子さん、大介《だいすけ》（24）くんっていうんだけど、昨年大学を卒業してＩＴ系の企業に就職したの。就職をきっかけに自宅近くにアパートを借りて一人暮らしを始めたんだけれど、大介くんの留守中に順子さんが部屋を掃除しに行ったら、とんでもない物が出てきたと言うのよ」

京は食い入るように明日美を見つめて次の言葉を待った。

「机の上に、円やドルやトルコリラのお札が、何枚も置いてあったんだって。それだけじゃないの。机の下の段ボール箱の中に、他にも外国の紙幣のようにも見える、コピー機か何かで印刷したらしい紙切れが何種類も、何百枚も入っていたと言うのよ」

「まさか……偽札？」

「順子さんもそれを心配しているのよ。あたしが知っている大介くんは、そんなことに手を出すような人には見えなかったけれど、最近ではインターネットを通して悪い人と知り合って、仲間に引き込まれるなんてこともあったりするでしょう？　順子さん、大介くんもそんなことになってしまったんじゃないかと言うの。というのも最近、大介くんが仲間らしい人たちとスマホで頻繁にやりとりしているのを、何度か聞いたんだって」

「順子さんは、大介くんに問いたださないの？」

「怖くて聞けないと言うのよ。それで、あたしに大介くんに会って問いただしてほしいと頼んできたの！　京ちゃん、その細腕を貸してくれないかな？　嫌かしら？」

「嫌なわけがないだろう？　僕の人生に必要なのは君とお金と謎だと、いつも言っているじゃないか」

翌日の夕刻、京と明日美は駅前にある喫茶店で、大介と待ち合わせた。

明日美が大介に電話をかけ、「母親が心配しており、私たちが大介に会ってほしいと頼まれた」と伝えたのだ。

約束の五分前に店に着くと、フェイスシールドをつけた奥のテーブルの若者がこちらを見て会釈した。

「母がお世話になっています。なにかご心配をかけてしまったようで、申し訳ありません」

大介は、顔見知りの明日美に頭を下げ、「初めまして」と京に挨拶した。礼儀正しく、爽やかな印象の好青年で、とても悪い仲間に加わっているようには見えない。

「単刀直入に言うわね」

注文を取りに来たウェイターが遠ざかるのを待って、明日美は声を潜めて言った。

「お母さまは大介くんが悪い仲間に引き込まれて、偽札作りに加わっているんじゃないかと心配しているの」

「え！　偽札ですか⁉」

明日美は順子から聞いた話を伝えた。

大介は、明日美と京を交互に見て、ため息をついた。

「母の心配性ぶりには困ったものですね。母が見つけたのは玩具《おもちゃ》の紙幣です」

大介はスマホを出し、写真を二人に見せた。

薄い唐草模様の地に数字を印刷した長方形の紙が写っている。確かに玩具の紙幣にしか見えない。

ウェイターが飲み物を運んできた。

京はウェイターが立ち去るのを待って聞いた。

「玩具の紙幣は何のために作ったんですか？」

大介は何か言いかけたが、言葉を呑み込み、

「それは言えません」

と答えた。

京は、大介の表情がわずかに揺れたのを見逃さなかった。

大介は一瞬、理由を言いたげな顔になった。それなのになぜ慌てて口をつぐんだのだろう。

考えを巡らせた京はふと思いつき「大介くんは大学の学部はどちらでしたか？」と聞いてみた。

大介はきっぱりした口調で「教育学部です」と言った。

帰宅した京は、すぐにパソコンを立ち上げ、地元のＮＰＯ（非営利団体）や企業などが開催する催しを一覧できるホームページを検索し始めた。地元でどんな催しが開かれるのかを調べるためだ。

「やはりそうか！」

今週末に近所の公民館で開かれる催しのタイトルを見た京は思わず声を出した。

明日美が部屋に入ってきて、きょとんとした顔をする。

京は、

「今、何かが下りかけてきているんだ」

と言った。

土曜日の午前九時五十分、京は明日美とともに近所の公民館を訪れた。

公民館にはすでに順子が来ていて、二人がロビーに入るとマスクの上の目を見開き、待ちかねたように近づいてきた。

「大介がなぜ玩具の紙幣を作ったのか、その理由が本当にここにあるんですね？」

「ええ、答えは奥の大会議室にあります。行きましょう。そろそろ始まるはずです」

大会議室の前に立った京は、『親子で学ぶお金の授業　第一回　為替とは？』と書かれた貼り紙のあるドアを開けた。

大会議室には、十数人の子どもたち——中学生や高校生と、親御さんらしいほぼ同数の大人が集まり、三人の若者がフェイスシールドをつけて講義の準備をしていた。その一人は大介だった。

「大ちゃん！」

「母さん！」

大介と順子が同時に驚いた顔をした。

京が順子に言う。

「これから始まるイベント『親子で学ぶお金の授業』は、子どもたちにお金についての知識を教えるNPO『ミライマネー』の主催で、大介くんはその一員なんです。大介くんは、大学時代の仲間とNPOを立ち上げたようですね」

授業が始まった。テーマは為替だった。

大介たちは玩具の紙幣を使い、為替相場とは複数の通貨の間の交換レートであること、それらは日々刻々と変わっていることを子どもたちに説明した。

難しいテーマだが大介たちの話はわかりやすく、子どもたちは皆、興味深げだ。

「この為替相場の動きを利用して、利益を上げることもできるんですよ」

大介はお金の運用についても話し始めた。

「円を米ドルに換えて、ドル高つまり米ドルが円に対して高くなった時に、円に戻すんです。ドルが上がった分、円が増えていますよね。ただし、これには危険も伴います。逆に米ドルが下がってしまったら、円に換えた時に金額が減ってしまいますよね。これを為替リスクと呼びます」

「しかし為替リスクはある程度、制御できます」

もう一人の若者が続けた。

「米ドルやオーストラリアドル、ユーロなどに分散して投資することで抑えることができるんです」

「一件落着ね」

明日美が言った。

順子もほっとした表情でうなずいたが、京は返事をしなかった。

すっきりしないのだ。

大介はなぜ、玩具の札を作った理由について「それは言えません」と答えたのだろう？

隠す必要などどこにもないはずなのに……。

その日の夕刻、京と明日美が「今晩は久しぶりに外食しようか？」などと話している最中に、明日美のスマホが鳴った。

電話の相手と言葉を交わした明日美が、

「そんな！」

と声を張る。

「順子さんのところ、大変なことになってしまったの！」

明日美が言う。

「順子さんから、大介くんのNPO活動のことを知らされたご主人の一《はじめ》（58）さんが、大介くんを自宅まで呼び出して『NPO活動などやめろ。仕事に集中しろ！』と説教して、父子《おやこ》が衝突してしまったそうなの。　さんは家電メーカーで部長を務めていて、会社一筋、仕事一筋に生きてきた人だから、大介くんのNPO活動が理解できないんだって。あたし、順子さんから『主人を取りなしてほしい』と懇願されたけれど、自信がなくて……。京ちゃん、その細腕を貸してくれない？」

京はうなずき、

「今、完全に下りてきた」

と言った。

「大介くんが、玩具の紙幣を作った理由について口をつぐんだのは、父親に知られて干渉されるのを避けようとしていたからなんだ」

翌日の日曜日、京は明日美とともに、一ツ木家を訪ねた。

街外れにあるしゃれたマンションのリビングルームでは、順子とともに一が二人の来訪を待っていた。

一は順子から、二人の来訪の意図を聞いていたのだろう。口を不機嫌そうに「への字」に曲げている。

体つきも顔もふっくらしているが、涼しげな目もとは大介とよく似ている。

「お二人が順子に何を言われてやって来たのか、大方の見当はついています。『息子のNPO活動について理解してあげてほしい』あなた方は私にそう言いたいのでしょう？　しかしそれはできない相談ですな。大介にとって、今は本業に全力投球しなければいけない時期です。他の事をしている暇などないはずだ」

「でも……大介くんのNPO活動が仕事にプラスになることもあるのではないでしょうか。私たち、大介くんたちのイベントを拝見しました。素晴らしかったですよ」

「活動の内容が問題ではないんです」

「あの……大介くんはもう社会人ですから、彼の自由にさせてあげたら……」

明日美の言葉に、一はカチンときたように大きくかぶりを振った。

「仕事にしても投資にしても、一点張りが私の信念なんです！　どうか我が家のことに口を出さないでいただきたい！」

声を荒らげたのと同時に一は顔を歪め、胸を押さえてソファに倒れ込んでしまった。

「あなた！」

順子が悲鳴を上げた。

救急病院の集中治療室《ICU》のドアが開き、一を乗せたストレッチャーが看護師に押されて出てきた。

順子と大介、京と明日美の四人が同時にソファから立ち上がる。

医師が近づいてきて、一が倒れたのは疲労とストレスによる不整脈が原因で、命に別状はないと四人に説明した。

緊張がほどけて倒れそうになる順子を大介が支える。

一が救急病院に搬送されてから二時間余りが経っていた。

医師の許しを得た四人は一が移送された一般の病室に入っていった。

一は「心配をかけてしまったね」と順子に言い、

「怒鳴ったりして申し訳ないことをしてしまいました」

とベッドに横たわったまま京と明日美に詫《わ》びた。

「実はこのところ、嫌なことばかりが続きましてね。先週、会社で肩叩きされました。社運を賭けた大型プロジェクトの失敗が仇《あだ》になり、会社は数年前から赤字決算が続いていて、いよいよ希望退職を募ることになったんです。これだけ会社に尽くしてきたんだから、もしかして役員として残れるんじゃないかと期待していましたが、甘かった。会社一筋の人生は、会社が順風満帆な時はいいけれど、つまずいた時にはもろいものですね……」

一は泣き笑いのような顔をした。

「それだけじゃありません。資産の運用でもつまずいてしまいました。ある半導体関連のアメリカ企業の株に、数千万円を投資していましたが、一時期は飛ぶ鳥を落とす勢いだったその会社の業績に陰りが見えて、昨年から今年にかけて株価がピーク時の半値まで下落してしまったんです。まさに踏んだり蹴ったりですよ」

「一さんは他にも金融商品に投資されていますか」

明日美が聞いた。

「普通預金を除いた残りの数千万円を米ドル預金で運用しています。幸いなことにこちらは買った時よりもほんの少し上がっています」

「アメリカ企業の株に米ドル預金、本当に一点張りなんですね。でも、今の運用の仕方だと、為替相場が円高ドル安に振れたら、米ドル預金でも為替差損による評価損が発生してしまいますよ」

「それは確かにその通りだな」

明日美の言葉に一は神妙な顔をしてうなずいた。

「いかがでしょう、一さん、為替差益が出ているうちに米ドル預金をいったん円に換えてみませんか？　そして、そのお金を、アメリカだけでなくドイツや日本などの先進国、さらには中国など新興国の様々な金融商品に分散して運用するんです。経済の状況や景気はそれぞれの国ごとに違いますし、金融商品の種類によって値動きが変わるので、リスクを抑えられるだけでなく、長い目で見たら安定した利益を得られるはずです」

「そう言えば、昨日の『親子で学ぶお金の授業』で、大介くんたちは複数の外貨に分散して運用すると為替リスクを抑えられると説明していたね。とてもわかりやすかった」

京がそう言うと大介は嬉しそうな顔をした。

一はそんな大介の顔をまじまじと見つめ、静かに微笑んだ。

「私はいささか頑《かたく》なだったようですね」

一は遠くを見つめる目をした。

「仕事も投資も、一点に絞って、持てるものすべてをつぎ込むのが正しいと私は思っていました。しかし時代は変わり、この会社に入れば一生安泰だなんていう保証は無くなってしまった。この会社の株を買っておけば安心だなんていう運用もあり得ない。私たちにはもはや、これ一本で一生転ばず、立ち止まらずに歩いて行かれる『魔法の杖《つえ》』なんて無いんですね」

「僕たちにはたぶん、転ばぬ先の杖が二本も三本も必要なんでしょうね。大介くんが会社だけでなく、ＮＰＯの活動も始めたように」

京が言った。

「ある金融商品の値段が下がってしまっても、別の金融商品に損失を補てんしてもらえるような分散投資が必要なように」

明日美が続けた。

「ＮＰＯの活動と仕事、両方とも頑張れよ」

一は大介に右手を差し出し、二人は握手した。

「これで本当に一件落着ね。あ、そうだ、言い忘れていた」

明日美が京を見上げた。

「高い所にある物を取る時、これからは一本足のテーブルではなく、二本足の脚立を使ってよね！」

第11話 複数の国の複数の金融商品でリスクを低減

一八六ページの解説（第10話）で、資産の一部を外貨で運用するのは合理的であり、その際には長期で運用すると為替相場の変動が平準化されてリスクを抑えられると言いました。

外貨を交えた運用でリスクを抑えるには、もう一つ「国際分散投資」と呼ぶ方法があります。明日美が一《はじめ》に対して「アメリカだけでなくドイツや日本などの先進国、さらには中国など新興国の様々な金融商品に分散して運用しませんか」とアドバイスしたように、複数の国々の様々な金融商品に分散して投資するのです。

国際分散投資には安定したリターンを得られる利点があります。

投資・運用対象を一つの国に限ると、株や債券などの金融商品の値動きがどうしてもその国の経済や政情に左右されてしまいます。その国の経済状況が極端に悪化した場合、株価や債券の価格が下落し、運用成績ががくんと落ち込んでしまうのを避けられません。

複数の国に分散投資すればこうしたリスクを低減できます。値動きの方向性が異なる金融商品を上手に組み合わせればリスクはさらに抑えられるでしょう。例えば株は金利が下がると上がりやすくなります。金利が低い時には債券で運用しても高い利回りを得られないので、株にお金が流れ込むからです。逆に金利が上がるとお金は株から債券に流れやすくなります。このように考えて複数の金融商品を組み合わせるのです。

インターネットなどＩＴの発達・普及によって国際分散投資は以前よりずっと手軽に行えるようになりました。先進国・新興国の様々な金融商品を組み合わせた投資信託も少なくありません。

その一方でインターネットの発達・普及は、一国の経済不安が瞬く間に世界中に知れ渡り、世界同時株安を招く現象も引き起こしています。そんなリスクを踏まえると、国際分散投資にも長期運用の視点が必要でしょう。

分散投資でリスクを抑えられるのは外貨だけではありません。株に投資する場合でも、様々な業種の企業に分散することでリスクをある程度抑えられます。

例えば円安になると自動車メーカーのような輸出企業の採算性が改善するので株価が上がりやすくなります。一方、円高になると原油などの輸入価格が下がるので電力などエネルギー関連の企業の株価が上がりやすくなります。これらを組み合わせて投資すると、うまくいけば円安の時には輸出企業の株で利益を得て、円高になったらエネルギー関連の企業の株で儲けるという幸運さえ手に入れられるかもしれません。

全米で累計百五十万部を売り上げたと言われる金融・投資の古典『ウォール街のランダム・ウォーカー』の著者で経済学者のバートン・マルキール氏は、米国企業に投資する場合、五十社程度に分散投資をすると、一社の株式だけを買う場合よりも値下がりのリスクを六十パーセント低減できると指摘します。個人で五十社もの企業の株式を買うのはよほどの資産家でない限り困難だと思いますが、それほど分散投資のリスク低減効果は大きいということです。

パート2

【 お金の増やし方 】

第 12 話

リスクを減らしたい人は積立投資を 運用結果に一喜一憂しなくなるのも魅力

積立投資とは長期にわたり、毎月一定額の株式や投資信託を買い付けて積み立てていく運用方法だ。忙しくて投資のことを考える余裕が無い人、リスクをあまり取りたくない人などでも着実に資産をつくれる利点がある。毎月、一定額を機械的に積み立てていくので、その時々の相場の動きにとらわれて一喜一憂しないでも済む。

土曜日の昼下がり、三毛猫のソフィーと明日美がリビングルームのサッシ越しにマンションの庭を見つめている。

特集原稿の執筆を中断し、小休止しようとリビングルームに入ってきた京は、

「どうしたの？」

と明日美に声をかけた。

「子猫がいるの」

と明日美が声を潜めて言う。

庭の芝生の上で茶トラの子猫が尻尾《しっぽ》をなめている。

京と明日美がその可愛さに見とれていると、ほどなく親猫が現われ、子猫と一緒に庭から出て行った。

二匹と入れ替わるようにドアチャイムが鳴った。

フェイスシールドをつけた見知らぬ若者が恐縮した顔で玄関前に立っていた。

少し気が弱そうだが、聡明な印象の若者だ。

怪訝な顔をした京に、若者は、

「私、一ツ木さんの後輩の広野《ひろの》育夫《いくお》（20）と申します」と言った。

「一ツ木さんって、一ツ木大介くん？」

「はい、大介さんは大学の先輩で、家も近所なんです。彼から『天ノ川京さんなら力になっ

てくれるから』と言われて……」

一ツ木大介は子どもたちにお金の知識を教えるＮＰＯ（非営利団体）を大学時代の仲間とともに立ち上げた若者だ。

大介たちが作った玩具のお札を、母親が偽札かもしれないと勘違いしたことから、京と明日美は大介と知り合ったのだった。

「それで……実は天ノ川さんに僕の叔父のことで相談に乗っていただきたいんです。図々《ずうずう》しいお願いだとはわかっています。でも、ほかに頼れる人がいないんです」

京は振り返り、二人のやりとりを見守っていた明日美と顔を見合わせた。


「ご相談したいのは叔父のお金のことなんです」

ソファに腰掛けた育夫は、京と明日美がフェイスシールドをつけるや否や話し始めた。

一刻も早く相談に乗ってもらいたくてうずうずしていたのだろう。

「叔父は父の弟で広野寛二《かんじ》と言います。年齢は確か五十二歳です。いつも力が抜けているというか、呑気でつかみどころがない人なんですが、その叔父が突然、僕の留学費用を出してやると言い出したんです」

「ちょっと待って……」

明日美が割って入った。

「それっていい話よね」

「そうとも言えないんです」

　育夫はかぶりを振った。

「だって叔父にはそんな金銭的な余裕は無いはずなんです」

「ちょっと待って……」

　今度は京が口を挟んだ。

「始めから順番に説明してくれるかな？　まず君は留学を希望しているんだね？」

　京の質問に育夫は「はい」とうなずいた。

「僕は大学でコンピューター・サイエンスを専攻していて、今度、四年生になります。卒業後はカリフォルニアの州立大学院に留学したいと思っていました。人工知能《AI》についてもっと学んで、将来は人工知能《AI》の研究者になりたいと考えていたんです。でも、いざ留学するためにはどれくらいのお金が必要なのか、希望する州立大学院に問い合わせてみたら、とても僕みたいな学生には無理な金額だとわかりました。入学金と学費、生活費を合わせて一年目に約三百万円、学位を取得するまでの二年間で五百万円が必要なんです。大学に入ってから、バイトでもらったお金をずっと貯めてきたので、二百万円近い蓄えはありますが、それではまったく足りません」

「親御さんに借りるわけにはいかないのかな？」

「うちにはそんな余裕は無いんです。父は僕が幼い時に亡くなって、保険の外交員として働く母が女手一つで育ててくれました。そんな母に留学資金を出してくれだなんて、口が裂けても頼めません」

「その留学費用を叔父さんが出してくれると言ったんだね？」

「はい、先週、僕の家にふらりとやってきて、『留学を希望しているんだって？　いくらかかるんだ？』と聞くんです。僕が金額を教えたら『そのぐらいなら貸してやるよ』とその場で言い出して……。以前、話のなりゆきで僕は叔父に『留学したいけれど、お金が無くて諦めざるを得ない』と打ち明けたことがあって、それを覚えてくれていたんです。叔父の気持ちは嬉しいけれど……でも……」

「彼にはそんな余裕は無いはずなんだね？」

育夫はうなずいた。

「叔父は経営していた印刷会社を数年前に畳み、以来、パートの仕事をしています。いつだったか『もう少し生活に余裕があるといいんだけどね』と母にぼやいていたこともありました。それに……」

育夫は言いよどんだが、意を決するように続けた。

「以前、この近くで偶然、叔父を二度ほど見かけたことがあったんです。マスクをつけていましたけれど、特徴のある髪型や眼鏡や背格好は叔父に間違いありません。他人の表札をちらちら眺めたり、生垣の隙間から家の中を覗き込んだりして、何だか怪しい感じでした」

京と明日美は顔を見合わせた。

「まさか……空き巣狙いを企てているとでも？」

「いえ、そこまでは……でも今、振り込め詐欺とかアポ電強盗とかあるじゃないですか。叔父はそんなことをする人ではないとわかっていますけれど……でも……」

京はうなずき、

「二度ほど叔父さんを見かけたと言ったけれど、曜日や時刻に共通点はあった？」

と聞いた。

「あれはどちらも大学で二限の授業がある日だったから……月曜日の朝でした」

「叔父さんに留学したい気持ちを話したのはいつ？」

「正月に僕の家で叔父さん夫婦と食事した時です」

「その時、君のお母さんはいたの？」

「いませんでした。台所に食べ物を取りに行っていましたから」

「京ちゃん、叔父さんのこと調べてみたくなったのね」

京は明日美にうなずいた。

「もちろんさ、僕の人生に必要なのは君とお金と謎だと、いつも言っているじゃないか」

月曜日の朝、京は出勤前の時間を使って、育夫が叔父の寛二を見かけたという場所に出向いてみた。

マンション前の道を駅方面へと向かい、右折して住宅街の並木道を行く。

三十分ほど歩いたが、すれ違うのは子どもを連れた若い母親や高齢の人たちばかりだ。

育夫の叔父に遭遇するのを諦め、マンションに戻ろうと今来た道を引き返しかけた京は、黒いマスクをつけた五十代らしい男が周囲を見回しながら近づいてくるのに気づいた。

京はポケットからスマホを出し、育夫から送ってもらった寛二の写真を確認した。

セルフレームの眼鏡、波打った髪、やや小柄でやせ型の背格好——本人に間違いない。

京の脇を通り過ぎた寛二は、住宅の窓を塀越しに覗き込み、

「あ！」

と鋭い声を上げた。

門扉に駆け寄り、開けようとしたが鍵がかかっているらしく動かない。

寛二は扉を乗り越え、庭に入っていく。

京もつられて後に続いた。

「久代《ひさよ》さん！」

寛二が窓を叩き、部屋でうずくまっている女性に声をかけた。

久代と呼ばれた女性がむっくりと起き上がった。

年齢は七十代だろう。顔色はすこぶる良い。

「広野さん……どうしたの？　あなたは？」

久代はきょとんとした顔で寛二と京を交互に見た。


「ボランティアとして高齢者の見守りをされていたというのに、空き巣狙いだと勘違いしてしまい、本当に申し訳ありませんでした」

住宅街の喫茶店で京は寛二に頭を下げた。

「いやいや、勘違いは僕も一緒だから」

寛二は快活に笑った。

「久代さん、まさかストレッチをしていたとは思わなかった。てっきり部屋で倒れているんじゃないかと焦りましたよ。まあ、でも、何ごとも無くて良かった」

寛二は何度もうなずきながら、マスクを外してコーヒーを美味しそうに飲んだ。

育夫が「呑気でつかみどころがない人」だと言ったように飄々《ひょうひょう》とした雰囲気の男性で、五十二歳だという年齢より若く見える。

「ああ、そうだ、あなた、さっき僕に話があると言っていたよね」

京はうなずいた。

「実は僕が先ほどあの場所に居合わせたのは偶然ではなくて、広野育夫くんに相談を持ちかけられたからなんです」

「育夫があなたに相談を？」

「育夫くん、広野（寛二）さんが貸してくれると言った留学費用の五百万円をどうやって捻出したのか、心配しているんです」

「心配って、何を心配しているんだい？」

「広野さん、まさか、空き巣狙いとかをしているんじゃないかと」

寛二は爆笑した。

「なるほど、そういうことか！　育夫らしいよ。積立投資ですよ。月々三万円を積み立てて投資信託で運用しているんです。積立投資ならまとまったお金が無い私にもできるし、普通預金よりもはるかに利回りがいいからね」

「五百万円は積立投資で貯めたんですか？」

「その通り、平均利回りが三パーセントだったので十一年と数カ月で貯まりましたよ。ちなみにこれが利回り〇・〇〇一パーセントの普通預金だと十四年かかるそうです」

「失礼ですが、その五百万円を育夫くんに貸しても広野さんの生活は大丈夫なのですか？」

「うちは妻と二人だけでね。妻もパートの仕事をしているので、贅沢をしなければ十分暮らせますよ」

京は安堵《あんど》のため息をついてコーヒーを飲んだ。

これで一件落着だ。

育夫は大手を振って留学できる。

「それに私が敢えて留学費用を用立てようと言ったのには理由があるんですよ」

寛二は続けた。

「育夫の背中を押してやりたくてね。あいつ、『留学したい』とか言いながら、一方でためらっているというか、はなから諦めているようでもあるんです」

「諦めている？」

「育夫は留学のことを母親にはまだ一言も話していないそうです。大学一年生の時から留学を考えていたというのなら、母親に話しても良さそうじゃないですか。それにね、あいつ、僕が留学費用を用立ててやると言ったら、『叔父さんから五百万円もの大金を借りられません』と尻込みしたんです。『それにコロナ禍でアメリカへの渡航が難しい状態だし』って。あいつが留学するのは来年の秋でしょう？　そのころにはコロナ禍も収まっていると思うけれどね。もしかしたら、あいつ、留学したい気持ちはあるけれど、一方では新しい世界に出ていくことを怖がっているんじゃないかな」

「そういうことだったんですね」

京は少し気が弱そうな育夫の顔を思い浮かべながら、

「今、何かが下りかけてきています」

と言った。

翌朝、京と明日美が朝食を食べている時、京のスマホが鳴った。寛二からだった。昨日、お互いに連絡先を交換したのだ。

「天ノ川さん、育夫に何か言いましたか？」

「ええ、昨晩、直接会って、『叔父さんは積立投資で五百万円を貯めたのだから、大手を振って自分の希望を叶えたらいい』と言いました」

「それなのに、何だってあいつ……そうか、やはり怖がっているんだ。育夫の奴、さっき電話してきて『留学は諦めた。だからお金を用立ててくれる必要はない』などと言うんです」

京はしばらく考えてから、

「今晩お時間ありますか？」

と寛二に聞いた。

その夜遅く、育夫と母の綾子《あやこ》（52）が住むアパートに京、明日美、寛二が集まり、リビングルームのテーブルを囲んだ。

京が全員に連絡を取り、

「育夫くんの留学のことで話し合いたいことがある」

と招集をかけたのだった。

綾子は息子が留学を希望していたとは知らず、京の口から初めて知らされた話に今も驚いている様子だ。

京が寛二に目配せした。

寛二はうつむいている育夫に、

「なぜ留学をやめるだなんて言い出したんだい？」

と聞いた。

育夫は顔を上げ、

「叔父さんから五百万円もの大金を借りられません」

と言った。

「叔父さん、以前、もう少し生活に余裕があればと言っていましたよね。せっかく貯めた大事なお金です。自分たちのために使ってください」

「僕たちの心配はしないでいいよ。それに実はお金は僕の兄の譲一《じょういち》……育夫の父親への恩返しのつもりだったんだ」

「父への？」

「僕が大学に行けたのは兄のおかげなんだよ。お金に余裕が無かった父に代わり、六つ違いの兄が大学に行く費用をすべて出してくれてね。兄は当時の給料のほとんどを僕のために振り向けてくれたはずだ。その兄は早くに亡くなってしまい、恩返しをすることが叶わなかった」

「だから寛二さんは息子の育夫に五百万円を用立ててくれると言ったのね」

寛二は綾子に向かってうなずいた。

「僕たちには子どもはいないからね。育夫が留学を希望していると知って、兄に恩返しできるいい機会だと考えたんだ。だから育夫、お前は僕への気兼ねなしに五百万円を未来のために使ってくれ」

「叔父さんの思いは本当に嬉しいけれど、僕の気持ちは変わりません」

寛二と育夫のやりとりを見守っていた京は、

「今、完全に下りてきました」

と言った。

「育夫くん、君はお母さまのことを考えているんだね。大学を出てすぐに就職すれば、お母さまを楽にしてあげられる。しかし留学すると就職までに最低二年……いやアメリカの大学院の入学は九月だから二年半もかかってしまう。そうまでして人工知能《AI》を学ぶのは身勝手でエゴイストじゃないか、君はそう思っているんじゃないかな」

育夫は京を見つめ、やがてコクリとうなずき「その通りです」と言った。

「でも二年や三年なんてあっという間だと思うわ」

明日美が口を挟んだ。

「あたし、ファイナンシャルプランナーの仕事をしていて、長い目で見ることが投資や運用には大切だとつくづく思うの。叔父様が五百万円を貯めた積立投資は良い例だわ。毎月こつこつと一定額を積み立てていくことで、長期的な視点で投資や運用を行えるわ。その時々の相場の動きにとらわれて、強気になり過ぎたり弱気になり過ぎたりして判断を誤ることもずっと減らせると思う。人生にも似たところがあるんじゃないかな。育夫くんの優しい気持ちはとても素敵だと思うけれど、その時々の感情だけではなくて、時には長い目で自分の進路を考えてみて」

育夫は無言だった。

綾子も表情を揺らしながら何も言わなかった。


「結局、育夫くんの気持ちは変わらなかったね」

自宅への帰り道、明日美が残念そうに呟いた。

「どうかな」

京は首を傾げた。

育夫は見ず知らずの京たちのマンションを訪ねてくるだけの積極性も持ち合わせた若者

だ。

人工知能《AI》を学ぶ思いが止《や》みがたければ、気持ちを翻してくれるかもしれない。

しかし母のために留学を諦めたとしても、それもまた育夫の立派な決断だろうと京は思った。

三週間後――。

日曜日の昼下がり、ソフィーがリビングルームのサッシ越しに庭を見つめている。

京と明日美は興味を引かれ、ソフィーの隣に立った。

あの茶トラの子猫だ。

以前よりも体がいくらか大きくなり成猫に近づいている。

しばらく尻尾をなめていた子猫は、やがて親猫が現れる前に庭を出て行った。

子猫と入れ替わるようにドアチャイムが鳴った。

玄関前に立っていたのは育夫だった。

育夫は吹っ切れたような笑みを浮かべ言った。

「僕、いろいろ考えて、やはり大学卒業後はカリフォルニアの州立大学院に留学して、人工知能《AI》を学びたいと思います！」

第12話

「心の平静を保ちやすい!?」積立投信からスタート

この超低金利のもとでそれなりの運用益を上げるには、リスクを伴う金融商品での運用がある程度は必要であり、その際には外貨や異なる国の複数の金融商品に長期の視点で分散投資することも合理的だと言いました。

しかし、それでも「外貨建ての金融商品や株、投資信託などに投資すると、日々の値動きが心配で眠れなくなってしまいそうだ」と不安に思ってしまう人が少なくないかもしれません。

そんな人にお薦めなのが、「積立型の投資信託（積立投信）」です。

投資信託とは、一三七ページ（解説・第7話）で紹介したように、投資家から集めたお金を投資・運用のプロであるファンドマネジャーが株式や債券などで運用する金融商品のことです。

それらの中で毎月一定額を購入しながら積み立てていく運用方法の投資信託を「積立投信」と言います。

その利点はいくつもあります。まず月々千円単位の少額でも投資できるので、まとまったお金がない人でも始められます。これに対して株は原則として百株（これを一単元と呼びます）を売買単位として取引します。株価が千五百円だとすると最低でも十五万円の資金が必要です。ネット証券を中心に一〇〇株に満たない株（これを単元未満株と呼びます）の取引ができる証券会社も増えてきてはいますが、まだ一部なので確認が必要です。

また毎月の購入金額を決めて契約すると、以降は毎月、決まった額を自動的に積み立てられるので、忙しくて投資のことを考える余裕があまりないビジネスパーソンでも長期間続けられます。しかも毎月一定額なので、価格が高い時にはより少ない口数を、価格が安い時にはより多くの口数を購入でき、平均購入単価が平準化されてリスクを抑えられます。

それだけではありません。明日美が言ったように、毎月一定額を機械的に積み立てていくので、その時々の相場の動きにとらわれて強気になり過ぎたり弱気になり過ぎたりせずに、長期的な視点で投資を行えます。株式投資に比べて日々の値動きが心配で眠れなくなってしまう心配はずっと小さいはずです。

加えて少額からの積立投資を支援する非課税制度「つみたてＮＩＳＡ」を利用すれば、積立投信で得た利金への税金（通常は二十・三一五パーセント）を非課税にできます。

もちろん投資信託ですから元本割れのリスクがありますし、ごく少数の例外を除いてファンドマネジャーに委託するので手数料がかかります。

また積立投信も、他の投資信託と同じように、高い利回りを期待できるけれど値下がりリスクも決して小さくはないハイリスク・ハイリターン型から、利回りはそこそこでも値下がりリスクが小さいローリスク・ローリターン型まで様々なタイプがあります。

実際の運用に当たっては、「住宅購入資金三千万円を貯めたい」「六十五歳までに老後資金一千万円を貯めたい」といった将来の目標を踏まえて、どんなタイプの積立投信に投資するのか、また月々の投資額をいくらにするのかを決めると良いでしょう。

パート3

【お金の未来】

第13話

コロナ禍で加速するキャッシュレスの普及 私たちの生活や仕事はどう変わるのか

スマホに表示したQRコードなどによって現金を使わずに決済を行うことをキャッシュレス決済という。企業・店舗の側には会計時の手間の削減や顧客情報の管理などのメリットがある。現金に触れないのでコロナ禍での感染抑止にも効果的だ。ではキャッシュレスはどこまで普及するのか？　私たちの生活や仕事はどう変わるのだろうか？

目的地が近づくにつれて明日美の歩く速度が増していく。京も引き離されないように歩幅を広げる。

「ラッキー！　そんなに並んでいないわ！」

角を曲がったところで明日美が嬉しそうに叫んだ。

ケーキ店『タナハシ』の前に並ぶ客たちの行列は数人だった。コロナ禍にもかかわらず、土曜日にはいつも十数人が行列をつくっているのだ。

京たちが住むマンションの近所に数年前に開店した『タナハシ』は今や人気店で、ショートケーキやモンブランのような定番のケーキだけでなく、独自の工夫を加えたオリジナルケーキもとても美味しい。

店内に入った二人は、店の雰囲気がこれまでとは少し違う気がした。

スー・シェフ（二番手のパティシエ）である緒方純次《おがたじゅんじ》（23）が、厨房ではなくショーケースの向こうで接客とレジ打ちをしているのだ。

純次はいつもオーナー兼パティシエである棚橋寛之《たなはしひろゆき》（40）と一緒に、厨房でケーキをつくっていた。レジ打ちは寛之の妻、薫子《かおるこ》（37）の仕事だ。

小柄で童顔の純次が、大柄な寛之に指示され、真剣な顔つきでケーキづくりに向き合っている姿は見ていて微笑ましかったのだが、その純次がレジ打ちをしているのは何だか変な感じだった。

「いらっしゃいませ」

京と明日美に気づいた純次が会釈した。心なしか笑みがぎこちない。

「天ノ川さん、いらっしゃい」

寛之が厨房から二人に声をかけた。寛之の表情も硬かった。

急ぎ足でマンションに戻った二人は紅茶をいれ、京はモンブランを、明日美はショートケーキを食べ始めた。

食べ終わるのを待ち構えていたように明日美のスマホが鳴った。

「薫子さん！」

明日美が驚いた声を出した。

相手はどうやら『タナハシ』の薫子らしい。

明日美は相手と二言三言、言葉を交わし、「大丈夫よ」と言って電話を切った。

「京ちゃん、薫子さんが夕方、うちに来たいと言うの。折り入って相談したいことがあるそうなのよ」

「何の相談だろう？」

「キャッシュレス決済についてだって」

「キャッシュレス決済って、カード決済とか、スマホに表示したＱＲコードを使った決済とか……」

「そう、現金を使わずに買い物などのお金をやりとりすることよ」

明日美は『タナハシ』で定期的に開かれているケーキ教室に何度か参加しており、薫子とは知り合いだった。薫子も明日美がフリーのファイナンシャルプランナーをしていることを知っているらしい。


夕刻、マンションを訪ねてきた薫子は純次や寛之と同様、浮かない表情をしていた。

薫子は色白で整った顔立ちをしており、寛之とはまるで美女と野獣の夫婦だとからかう客もいたが、今日、どこか生彩に乏しいのは灰色のマスクのせいだけではなさそうだ。

「実はうちの主人がキャッシュレス決済を店に入れたいと言い出したの」

ソファに腰掛けた薫子が口を開いた。

「タナハシに?」

京と明日美が同時に聞いた。

「ええ、うちはこれまでお客様のお支払いは現金のみだったんだけれど、『カード決済も受け付けよう』『スマホ決済にも対応できるようにしよう』なんて突然言い出して……」

「いい話じゃないですか!」

京が言った。

「あたしも賛成よ。キャッシュレス決済はお店にもお客にも利点があるわ」

明日美も続ける。

「お店にとっては従業員の負担を軽減できるし、お客の情報を管理しやすくなるわ。手持ちのお金が足りなくても買い物できるので、お客の買い物を後押ししてくれることもあるはずよ」

「お客にとっても会計時の時間を短縮できるし、ポイントも獲得できます」

京が付け加えた。

「それはそうなんだけれど……」

薫子は顔を曇らせた。

「うちの主人はずっと『手で触れられるモノ以外は信じられない』と言っていたの。キャッシュレスって、カード決済にしてもスマホ決済にしても、その場で現金のやりとりをするのではなく、買い物をされた後、お客様の口座からお金が引き落とされるわけでしょう？　手で触れられるお札や硬貨の受け渡しがないでしょう？　『だから信じられない』と主人は言っていたの」

「考えを改めたんじゃないかしら？　今、スマホ決済を中心にキャッシュレス決済がどんどん普及しているから」

「それならいいんだけれど……」

薫子はしばらく口をつぐみ、思い切って吐き出すように言った。

「あたし、主人が急にキャッシュレス決済を入れたいと言い出したのは、純次くんを辞めさせたいからではないかと勘ぐってしまうのよ」

「純次くんを⁉」

京と明日美が口を揃えた。

「実は二、三週間ほど前から、主人が突然、純次くんに辛く当たるようになったの。純次くんが何か質問しても、これまでのように自らやって見せたりせず『自分で考えろ！』と突き放したり、食事に誘わなくなったり……。最近では純次くんを厨房に入れさせず、接客とレジ打ちの担当にしてしまったわ」

京と明日美は顔を見合わせた。

純次の笑みがぎこちなく見えたのは気のせいではなかったのだ。

「でも、なぜ寛之さんは純次くんに辛く当たるようになったのかしら？」

「見当がつかないわ。だって主人は純次くんを可愛がっていたのよ。純次くん、三年前に調理学校を卒業した後、学校の先輩である主人に憧れて『ぜひ「タナハシ」で働かせてほしい』と頼み込んできたの。あたしたちが払える給料なんて本当にたかが知れているけれど、純次くんはいつも懸命に働いてくれて……。だから主人も純次くんを見込んで厨房に立たせ、自分の技術を教えていたの」

薫子はそこで言葉を区切り、続けた。

「明日美さんは先ほど、キャッシュレス決済は従業員の負担を減らせると言ったでしょう？　実際、キャッシュレス決済を入れれば、あたしはレジ打ちや売り上げの集計などの仕事を減らせるわ。そうなったらもっと長い時間、厨房にいられるので、純次くんがいなくても店を回せると思う。店を開いて以来、おかげさまでお客様は増え続けてくれて、今では純次くんがいなければ店を回せないけれど、キャッシュレス決済はそれを解決してくれる——あたしは主人がそんな風に考えているように思えてならないの。明日美さん、京さん、図々しいお願いだとはわかっているけれど、主人と純一くんの間に何があったのか探っていただけないかしら。今のままでは純次くんがとても可哀想《かわいそう》だわ」

「京ちゃん、引き受けてくれる？」

明日美の言葉に京は力強くうなずいた。

「もちろんさ、僕の人生に必要なのは君とお金と謎だと、いつも言っているじゃないか」

翌日——日曜日の夕刻、京と明日美は閉店間際の『タナハシ』を訪れた。

純次は今日も接客とレジ打ちを担当している。

二人はショートケーキを買い、いつも以上に保冷剤を入れてもらうように頼んだ後で、「話があるんだけれど……」と純次に言った。

三十分後、純次は約束した時刻きっかりに駅前の喫茶店にやってきた。

京と明日美に気づいて笑みを浮かべたが、フェイスシールド越しに見える笑顔は、昨日同様どこかぎこちない。

「突然呼び出したりしてごめんなさい」

飲み物を運んできたウェイターが立ち去るのを待って明日美が口を開いた。

「実は昨日、薫子さんと話をしたの。薫子さん、純次くんと寛之さんとの間に何かあったのではないかととても心配しているわ」

「喧嘩でもしたの？」

京が聞いた。

「いえ……」

「じゃあ何があったの？」

純次は何か言いかけたが、出かかった言葉を呑み込み、うつむいた。

言おうか言うまいか決心がつかない様子だ。

「薫子さん、『今のままでは純次くんがとても可哀想だ』と言っていたよ。純次くんに心当たりがあるのなら話してくれないかな」

京の言葉に純次は顔を上げた。その表情は揺れていたが、やがて頬を強張らせ言葉を絞り出した。

「みやびホテルからパティシエとして働いてみないかと誘われているんです」

「みやびホテルって、あの大手ホテルチェーンの……？」

純次はうなずいた。

「みやびホテルは来月、この駅前に新しいホテルを開くんです。そこで働かないかと……」

「すごいじゃない！　みやびホテルでパティシエとして働けるなんて、大きなチャンスね」

明日美の言葉に純次は曖昧にうなずいたが、その表情は冴《さ》えない。

「純次くんはみやびホテルの申し出に対して、どうするつもりなの？」

京の質問に純次はまたうつむいた。

「もしかして迷っているのかな？」

純次はうなずいた。

「僕、今でも寛之さんを尊敬しています。これまでずっと優しくしてくれましたし、薫子さんも温かくて、何だか家にいるみたいな雰囲気なんです」

「純次くんがみやびホテルから誘われている話を寛之さんは知っているのかな？」

「はい、報告しました。それだけじゃなくて『決心がつかない』とも打ち明けました」

京は「なるほど」と言い、二度三度うなずいた。

「純次くん、これから僕が言うことを実行してくれないかな？」

純次が怪訝な顔をした。

「今、何かが下りかけてきているんだ」

その晩、薫子を通して寛之への面会を取り付けた京と明日美は、翌日の夜遅く、閉店後の『タナハシ』を訪れた。

寛之と薫子は売り場の隅にあるソファに腰掛けて二人を待ってくれていた。

厨房の明かりは消え、店内は静寂に包まれている。

二人は店に居残ってくれていた寛之たちに礼を言い、

「実は純次くんのことでお話ししたいことがあるんです」

と京が言った。

寛之は身構えるような顔をした。

京は、「寛之が純次を辞めさせたがっているのではないか」と薫子から相談を受けたことや、純次から「みやびホテルからパティシエとして働いてみないかと誘われている」と打ち明けられたことを順番に話した。

「妻があなたたちにそんなことを?」

「寛之さん、もしお話しいただけるのなら、真意を教えていただけますか？　寛之さんは純次くんをどう思われているんですか?」

京の問いかけに寛之は唇を噛みしめ、諦めたようにため息をついた。

「こうでもしないと、あいつはいつまでも俺のところで働きたがるからね。千載一遇のチャンスをつかみ損ねてしまう」

「ということは、寛之さんは、みやびホテルから誘われ、気持ちが揺れている純次くんに対して裏切られた思いを抱いているわけじゃないんですね!?」

寛之は苦笑した。

「あいつをそんな風に思うはずがないじゃないですか。こんな小さな町のケーキ屋で一生懸命働いてくれたんです」

京はうなずき、

「今、完全に下りてきました」

と言った。

「純次くん、聞いていてくれたかな？　寛之さんは君にチャンスをつかんでほしいと思っているんだ」

厨房の明かりが灯《とも》り、寛之と薫子が驚いた顔をした。

純次が売り場に入ってきた。京は昨日、寛之とのやりとりを厨房に身を潜めて聞いていてほしいと純次に頼んだのだった。

「純次くん、良かったじゃない！」

明日美が声をかけたが、純次は表情を曇らせ、

「嫌です」

と声を絞り出した。

「僕はみやびホテルには行きたくありません。ここで働きたいんです！」

「純次くん、君がここで働きたいという気持ちはよくわかるよ。寛之さんは尊敬する先輩だし、君にとってここはとても居心地が良い職場だよね。たぶん、寛之さんも本当は君にここにいてほしいんだと思う。それでも寛之さんは君にチャンスをつかんでほしいと言っているんだ。その真意を汲《く》んであげてくれないかな」

純次は京から顔をそむけて「嫌です」と繰り返した。

「せめてあと一年……」

「チャンスから逃げるんじゃない！」

寛之が叱りつけるように言った。

「お前がここにいても学べることはもうほとんど無いんだ！　みやびホテルの方が学べることははるかに多い！　お前自身それがわかっているはずなのに、居心地の良い環境から一歩も前に出ようとしないのはパティシエ失格だ！」

言葉を失い寛之を見つめる純次に薫子が言った。

「純次くんは主人が最近、キャッシュレス決済を店に入れたいと言い出したのを知ってい

るわよね。主人はね、本当はキャッシュレス決済がきちんとできるのか内心ドキドキなのよ」

純次が何を言い出すのかという顔をする。

「主人はもともと頭の古い頑固な人だし、スマホやパソコンの操作も得意じゃないわ。それでもキャッシュレス決済を店に入れたいと言い出したのは、きっとこう考えたからだと思う。『純次くんが一歩前に踏み出せるように、俺も一歩前に踏み出そう。新しいことにチャレンジしてみよう』って」

「そうか！」

明日美がうなずいた。

「キャッシュレス決済の導入は、寛之さんにとって純次くんへのエールだったんですね」

「純次くんにとってみやびホテルは未知の世界よね。でも、一時期の不安や迷いに負けないで。長い目で見たら、きっと純次くんの糧になるわ」

薫子の言葉に純次はコクリと静かにうなずいた。

土曜日の昼下がり、京と明日美は汗を拭いながらいそいそと近所にあるケーキ店『タナハシ』に向かった。

目的地が近づくにつれて明日美の歩く速度が増していくのはいつも通りだ。京も歩みを速めたが、客たちの行列は先週より長かった。

二十分ほど待って、二人がようやく店内に入ると、ショーケースの向こうで接客とレジ打ちを担当していた薫子が「天ノ川さんたちよ」と厨房に声をかけた。

純次が厨房から出てきて、ショーケースを覗く二人ににっこりと笑いかける。

「こちらのガトーショコラ、いかがでしょう？　僕の卒業作品なんです」

第13話　「買い物はキャッシュレスで」が当たり前に

クレジットカードや、スマホに表示したQRコード、プリペイドカードなどによって、現金を使わずに買い物の決済を行うキャッシュレス決済が今、急速に浸透しています。

経済産業省の推計によれば、決済全体に占めるキャッシュレス決済の割合は二〇一五年には十八・二パーセントでしたが、二〇一八年には二十四・一パーセント、二〇一九年には二十六・八パーセントへと高まりました。

政府は二〇一八年に「キャッシュレス決済の比率を二〇二七年までに四割程度に高める」目標を打ち出し、二〇一九年十月の消費税増税に合わせて、キャッシュレス決済で買い物をした時に買い物代金の最大五パーセントをポイント還元するなど、あの手この手でキャッシュレス決済の普及に努めてきました。その成果が出てきているのです。

キャッシュレス決済の比率はコロナ禍に見舞われた二〇二〇年、さらに高まったに違いありません。感染を恐れ、不特定多数の人が触る現金を避けたり、レジでの滞在時間を減らしたいと考えたりする人が増えたからです。日本経済新聞社が二〇二一年一月に発表した郵送の世論調査では、キャッシュレス決済を「頻繁に利用している」割合は三十三パーセントに達しています。それを考えると、政府が目標にする四割程度に達する日はそう遠くないかもしれません。

ここで改めてキャッシュレス決済の利点を整理しておきましょう。

まず私たち消費者にとっては多額の現金を持ち歩かずにすむので、いつでも手持ちの現金以上の買い物ができます。ＡＴＭで現金を引き出す手間や、現金を紛失したり盗難に遭ったりする心配もありません。レジでの滞在時間を短縮できるし、パソコンやスマホで決済履歴を確認できるので、現金よりも支出を把握・管理しやすい利点もあります。

一方、店舗側にとっては明日美が言う通り、会計時の手間を削減でき、しかもおつり用の現金を準備するような現金管理の手間も省けるので従業員の負担軽減につながります。決済履歴はそのまま顧客情報の管理にも役立てられます。

利点は消費者や店舗に対してだけではありません。

政府にとっては金銭の授受が情報として必ず残るので脱税を防ぐ効果を得られます。キャッシュレス決済に慣れた国からの旅行者、例えば買い物に占めるキャッシュレス決済の比率が九割に達する韓国や六割の中国、四十五パーセントのアメリカなどからの旅行者が、もっと日本国内で買い物しやすくなるので、コロナ禍が終息して海外からの旅行者が戻ってくるころには、彼らの消費（インバウンド消費）がいっそう刺激され、経済成長に寄与する期待も持てるでしょう。

さらにキャッシュレス決済は、現金での支払いに比べて手持ちのお金が減っていく痛みが小さいので、消費者がよりお金を使う、つまり消費を盛り上げる可能性があります。もしかしたら政府はここに大きな期待を寄せているのかもしれません。

買い物はキャッシュレス決済が当たり前、そんな時代が数年以内にやってきそうです。

パート3

【お金の未来】

第14話

中央銀行やフェイスブックも発行を計画
決済手段へと広がり始めた仮想通貨

ビットコインなどの仮想通貨とはインターネットの中だけで流通している仮想の通貨、より正確に言うとコンピューターのプログラム（暗号化されたデータ）だ。インターネットにつながっていれば国や地域を選ばず世界中で使えるし、海外への送金にも時間がかからない。仮想通貨が決済手段として広く使われるようになる時代はすぐそこまで来ている。

天ノ川京は、いつも以上に軽やかな足取りで駅からの道のりを歩き、マンションの部屋の前に立った。夜遅い時刻でなければ口笛でも吹きたい気分だった。

一カ月に一回、全員が出社して開かれるマネー雑誌編集部のアイデア会議で、京が提案した特集企画「仮想通貨の光と影」が編集長から誉められ、採用が決まったのだ。おまけに明日の土曜日も明後日の日曜日も仕事が無くて、完全に休める。

玄関前に立った時、ドアが内側から開き、妻の明日美が大きな瞳を見開いて京を出迎えた。

片方の腕で愛猫のソフィーを抱き、嬉しそうに口角を上げている。

明日美は話したいことがあって、京の帰りを待ちわびていたのに違いない。

「京ちゃん、見てほしいものがあるの」

明日美は返事を待たずに京の腕をつかんでリビングルームに連れて行き、スマホの画面を見せた。

画面には竜《ドラゴン》のイラストをあしらったコインの画像が映っている。画像には少し不鮮明なところがあるが、緑色のドラゴンは克明に描かれていて、なかなかの迫力だ。

「何これ？」

京が興味を示すと、明日美は嬉しそうに言った。

「ドラゴンコイン、うちの近くに希望第一小学校があるでしょう？　そこの六年生のクラスの児童たちの間で一時期、流行ったんだって。子どもたちはこのコインを競うようにダウンロードしていたらしいわ」

「ダウンロードということは、金属やプラスチックなどで出来たコインではないんだね？」

「ええ、あくまでインターネット上で流通しているコインの画像よ。ただし誰でも手に入れられるわけではないの。ドラゴンコインの発行者から、ホームページのＵＲＬとパスワードが書かれた紙のカードをもらった子どもだけが、ダウンロードできるのよ」

「何だかずいぶん手が込んでいるね」

「でしょう？　ダウンロードできるホームページは、どこからもページ移動できないようになっていて、ＵＲＬを知らないとアクセスが難しいんだって。しかもダウンロードするためにはドラゴンコイン一枚につき、一つのパスワードが必要なの。さらに、画像をコピーできないようにガードがかかっていて、勝手に増やしたりできないのよ。この画像も他人《ひと》のスマホ画面に表示されたドラゴンコインを、あたしのスマホのカメラで撮ったものよ。それだけじゃないわ。ここを見て」

明日美は緑色に描かれたドラゴンのイラストを指差した。

胴体に『7』と数字が記されている。

「ドラゴンコインには一枚一枚、異なる番号《ナンバー》が振られていて、ドラゴンコインの発行者は今、誰が何番のドラゴンコインを持っているのかすべて把握しているんだって」

「ドラゴンコインの発行者は何のためにそんなことをしているのかな？　そもそも誰が発行しているんだろう？」

京は首を傾げた。

「謎はそれだけではないのよ。さっき希望第一小学校の六年生のクラスの児童たちの間で一時期流行したと言ったでしょう？　中にはドラゴンコインが欲しいあまり、親から買ってもらったばかりのゲームと取り換えてしまった子も出てきたそうなの。親がそれに気づいて担任に報告して、事態を重く見た学校はすぐに校内への持ち込みを禁止したわ。でも一部の子どもたちは相変わらず親や先生に隠れてドラゴンコインを集めていたの」

「異常な熱の入れようだね」

「でしょう？　子どもたちは普通、学校から禁止されたらやめるものでしょう？　なぜそこまでドラゴンコインに夢中になってしまったのか？　学校側はドラゴンコインのデザインが格好良くて、子どもたちの所有欲をかき立てたのではと見ているそうだけれど、あたしにはそれだけだとは思えないの」

「確かにそうだ」

「そこでなんだけれど」

明日美が大きな瞳をさらに大きく見開いた。

「誰が何のためにドラゴンコインを子どもたちの間で流行らせたのか、子どもたちはなぜ夢中になってしまったのか、京ちゃんに調べてほしいの。実はさっき話した、親や先生に隠れてドラゴンコインを集めていた一部の子どもたちって、あたしのクライアントのお子さんとその友達だったのよ」

「クライアントのお子さんだって？」

「ええ、希望第一小学校六年の見沼敏《みぬまさとし》（12）くん、クライアントはお母さまの見沼玲子《れいこ》（34）さん、同じ町内の方よ。玲子さん、敏くんがスマホ画面のドラゴンコインに見入っているのを目撃したそうなの。玲子さん、なぜそこまで夢中になっているのか、敏くんを問いただしたそうだけれど……」

「敏くんは話してくれなかった」

明日美はうなずいた。

「敏くんが言うには『話したら裏切者になっちゃう』そうなの。京、頼まれてくれる？あたし、クライアントの心配の種を取り除いてあげたいのよ」

「もちろんさ。僕の人生に必要なのは君とお金と謎だと、いつも言っているじゃないか」

翌日の正午前、京と明日美は駅前商店街から一本わき道に入った、角にある雑居ビルの前に立った。

ビルには「学習塾」の看板が掛けられている。

明日美が玲子に聞いたところによれば、敏たちの仲良しグループは週二回、水曜日と土曜日に学習塾に一緒に通っているのだという。

学校や家庭から離れた場所で会えば、敏たちも多少は警戒心を解いてくれるのではないか――そう考えて京と明日美は学習塾を訪ねたのだった。


正午のチャイムが鳴り、子どもたちが雑居ビルから出てきた。

京はスマホを出して敏の顔写真と全身の写真を確認し、今しがたビルから姿を現わした敏を含む男子三人組に近づいていった。

友人二人の名前も明日美を通して玲子から聞いていた。

大柄な少年は牧内淳平《まきうちじゅんぺい》、小柄で賢そうな顔立ちの少年は大木翔《おおきしょう》だ。

「敏くん、以前お家で会ったのを憶《おぼ》えているかしら？　あたしはお母さまのファイナンシャルプランナーを務めている天ノ川明日美、こちらはあたしの夫よ」

「実は、敏くんたちに教えてもらいたいことがあるんだ。例のドラゴンコインについてなんだけれど」

敏は賢そうな整った顔に警戒の色を浮かべ、友人二人と顔を見合わせた。淳平と翔も身構えるような表情をしている。

「敏くんのお母さま、敏くんたちが学校で禁止されたのにもかかわらず、隠れてドラゴンコインを集めていたことをとても心配しているわ」

「心配なのは僕も一緒なんだよ」

京が続けた。

「ドラゴンコインの発行者はきっと大人だよね？　大人でなければそんな手の込んだ仕組みはなかなかつくれないからね。もしその大人が、君たちから小遣いを巻き上げてしまうつもりで悪だくみをしたのだとしたら……そう考えると僕は君たちのことをどうしても放っておけないんだ」

敏、淳平、翔の三人は再び互いに顔を見合わせた。

「小口《こぐち》さんがそんな悪い人には思えないけれど……」

淳平が口を滑らせ、敏と翔が、

「まずい！」

という顔をした。

「小口さん？　もしかしたらその人がドラゴンコインの発行者かな？」

三人は観念したようにうなずいた。

「君たちはその小口さんとどのようにして知り合ったの？　そもそも小口さんとはどんな人なのかな？」

京の質問に敏が口を開いた。

「小口さんは僕たちの学校の近くで『リトルドラゴン』というゲームショップを始めた人です。そこでゲームを二千円以上買ったり、『リトルドラゴン』で開かれるゲーム大会で入賞したりすると、ホームページのURLとパスワードが書かれたカードを小口さんからもらえて、『ドラゴンコイン』をダウンロードできるんです」

「ドラゴンコインをもらえるとどんないいことがあるのかしら？」

明日美が聞いた。

「『リトルドラゴン』では、ドラゴンコインを本当のお金みたいに使えるんだ」

大柄な淳平が言った。

「なるほど、クーポン券みたいなものなのね？」

「そうかもしれないけれど……でも、ちょっと違うんです」

敏が微妙な顔をした。

「どういうことかな？」

「ドラゴンコインは価値が変わるんだ」

淳平が言う。

「価値が変わるってどういうことかしら？」

「つまり、こういうことなんです」

翔が後を引き取って説明を始めた。

「皆がドラゴンコインを欲しがるようになると、ドラゴンコインの価値が上がって、『リトルドラゴン』でゲームを買う時、僕たちはドラゴンコインをもらった時よりも得するようになるんです」

「そうか！　ゲームを購入する時のドラゴンコインのお金への換算額が上がるんだね。結果的に割引率が高くなるんだ」

「でも、『皆がドラゴンコインを欲しがるようになると』と言うけれど、ドラゴンコインの人気はどうやって測るのかしら」

「ドラゴンコインは僕たちが持っているゲームと交換できるんです。『リトルドラゴン』のホームページに交換のための掲示板があって。そこに、『僕が持っている推理ゲームと交換したい』とかを書き込んで、誰かが応じてくれるのを待つんです。僕たちは皆、そのやりとりを読めるので、交換したいゲームの値段からドラゴンコインの価値がわかるんです」

翔の説明を聞いた京と明日美は感心したように顔を見合わせた。

「これでドラゴンコインに一枚一枚、異なる番号《ナンバー》が振られていて、発行者が今、誰が何番のドラゴンコインを持っているのかすべて把握している理由もわかったよ。万が一、ガードを破られてコピーされてしまっても、本来の持ち主以外の人が使おうとしたら偽物だと見抜けるんだ」

「とてもよく出来た仕組みだわ。この仕組みが人気をあおったのね。京ちゃん、これって何かに似ていると思わない？」

「仮想通貨……」

「その通りよ」

「カソウツウカって？」

敏、淳平、翔の三人が同時に聞いた。

「インターネットの中だけで流通している仮想の通貨、より正確に言うと通貨として流通しているコンピューターのプログラムのことよ。インターネットにつながっていれば国や地域を選ばず世界中のどこでも使える利点があるの。ただ仮想通貨を決済の手段として利用する人は少数派で、将来の値上がりを期待した投資目的で手に入れる人がほとんどだわ。代表的な仮想通貨であるビットコインはその典型よね」

「ビットコインは、発行量の上限を二千百万枚と定めているんだよ。発行量に限りがあれば価値は上がりやすくなる。そう考えた投資家がビットコインに殺到して一時期、価格が高騰したことがあったんだ」

「『リトルドラゴン』はなぜ子どもたちを相手に仮想通貨のようなドラゴンコインを発行したのかしら。京ちゃんが言うように、子どもたちを夢中にさせてドラゴンコインを値上がりさせ、儲けようという悪だくみだったとしたら、絶対に許せないわ」

京はうなずき、

「今、何かが下りかけてきています」

と言った。


日曜日の午後、京と明日美は希望第一小学校の裏手に開店したゲームショップ『リトルドラゴン』を訪ねた。

古い雑居ビルの一階にあるガラス張りの店舗で、ドアには「ゲームの可能性を子どもたちに！」と書かれたポスターが貼られている。

京は明日美に目配せして、ドアを開けた。


店内には小中学生を中心に十数人の客がいて、熱心にゲームソフトを物色していたり、アルバイトらしい若い女性と話をしたりしている。繁盛している店のようだ。

京はレジカウンターにいる三十代の小太りの男性に目を留めた。

アルバイトたちに指示を出しているところを見ると、どうやら店長らしい。

京は明日美を伴って男に近づき、

「小口さんですか？」

と声をかけた。

「あ……はい」

男は怪訝な顔で京と明日美を交互に見た。

「ドラゴンコインについて聞きたいことがあるんです」

「え？　どんなことですか？」

「ドラゴンコインを発行した目的です。子どもたちを夢中にさせているのはいったい何が狙いですか？　ドラゴンコインが欲しいあまり、学校で禁止されたのにもかかわらず隠れてドラゴンコインを集めていた子どもたちさえいるんですよ」

「その一人はあたしの大事なクライアントの息子さんなんです！」

明日美はファイナンシャルプランナーの名刺を小口に突きつけた。

「あ……あちらにどうぞ」

小口は驚いた顔をして名刺を受け取り、店の奥にある雑談スペースに二人をうながした。

「それほどのことになってしまったとは……親御さんが心配するのももっともです」

『リトルドラゴン』の店長、小口龍太《りゅうた》（32）は首を垂れ、震える声で言った。

真面目そうな雰囲気の男で、邪《よこしま》な考えを抱いているようには見えなかった。

「ドラゴンコインを発行したのは、子どもたちに、より多くのゲームに触れてもらえるきっかけを増やしたかったからなんです」

小口は顔を上げ、話し始めた。

「この店を開いたのも、それが目的でした。ヒットしていなくても、大手ゲームソフト会社のゲームではなくても、素晴らしいゲームは沢山あります。面白いだけではなく、基礎学力を身に付けるのに役立つゲームも少なくありません。そんなゲームを子どもたちに知ってもらいたくて、僕は大手のゲームショップ運営会社を退職して『リトルドラゴン』を開業したんです。ドラゴンコインは子どもたちがゲームに手を伸ばしやすくするためのクーポン券のつもりで発行しました」

「クーポン券のつもりなら、なぜドラゴンコインの人気が上がると、価値も上がるようにしたの？　そんな必要はないでしょう？」

「それはまったくの想定外でした。ドラゴンコインを子どもたちが持っているゲームと交換できるようにすれば、皆がいろんなゲームを体験できるようになると思ったんです。それが結果的にドラゴンコインの価値を吊《つ》り上げるとは予想もしていませんでした」

「今、完全に下りてきました」

京はうなずき、明日美を見た。

「敏くんたちは、ドラゴンコインに夢中になってしまった理由や発行者のことを、親や先生に問いただされても話さなかったよね。それはなぜなのだろうと僕はずっと疑問に思っていたんだ。もしかしたら、ドラゴンコインの発行者に口止めされているのではないかとも考えた。でも、そうじゃなかったんだね。敏くんたちは、小口さんが敏くんたちに良かれと思ってドラゴンコインを発行していたのを知っていて、庇《かば》おうとしていたのかもしれないね」

「あの……天ノ川さん……」

小口は困惑を顔に浮かべた。

「僕はどうしたらいいでしょうか？」


翌週の日曜日の朝、『リトルドラゴン』に京と明日美、玲子、敏、淳平、翔、さらに他の敏のクラスメートやその父兄たちが集まった。

子どもたちにお金についての知識を教える集まり『やさしいお金の授業』が開かれるのだ。

主催は、一ツ木大介が大学時代の仲間とともに立ち上げた、子どもたちにお金の知識を教えるＮＰＯ（非営利団体）『ミライマネー』だ。

授業が始まった。

テーマは「仮想通貨」だ。

大介は玩具の紙幣を使い、仮想通貨とは何なのか、投資対象としての仮想通貨に潜むチャンスやリスクを説明する。

「仮想通貨はビットコインだけでなく、発行枚数が少ないものを含めると何と数千種類もあると言われています。発行量の上限を定めているものは、人気が集まると価値は上がりやすいですが、一方で少し売られただけで価格は大きく下がってしまいかねません」

「仮想通貨については、本来の決済手段としての利用を増やすのなら、価値が上がったり下がったりしないような仕組みにすべきだとの意見が少なくありません。僕もどちらかと言うと、それに賛成です」


大介の授業が終わり、店長の小口が挨拶に立った。

小口は、ドラゴンコインの人気が上がると価値も上がる仕組みが、子どもたちを夢中にさせてしまったことを詫び、こう続けた。

「今後はドラゴンコインの価値が上がったり下がったりしないようにしたいと思います」

子どもたちから「ええ!?」という声が上がる。

小口はにっこり笑った。

「そう来るかなと思っていました。そこで出血大サービスです。今、皆が持っているドラゴンコインの価値を一律三割上げます。三割上げて価値を固定します！」

子どもたちから歓声が上がった。

明日美が小口と子どもたちのやりとりを見つめながら京の耳元で囁《ささや》いた。

「人騒がせなドラゴンコイン騒動もこれで収束ね」

「そうだね。でも僕はただの人騒がせの騒動ではなかったと思う。ドラゴンコインを通して仮想通貨の実態に触れたのは、子どもたちの将来にとって決して悪いことではないよ。この子たちが大人になるころには、仮想通貨はもっと普及しているかもしれないからね」

京は遠くを見つめる目をした。

第14話

仮想通貨とは「お金として扱われるプログラム」

明日美はドラゴンコインの仕組みを「仮想通貨に似ている」と言いました。そもそも仮想通貨とは何なのか、改めて一から見ていきましょう。

ビットコインなどの仮想通貨とは一言で言えば、インターネットの中だけで流通している「お金もどき」あるいは「お金のようなもの」です。その種類は数千あると言われています。

今「もの」と言いましたが、紙幣や硬貨のように形があるわけではありません。より正確に言うと、暗号化されたコンピューターのプログラム（データ）をインターネット上でやりとりさせているのです。

データをやりとりさせるという点では、Ｓｕｉｃａやｎａｎａｃｏのような電子マネーと似ているようにも見えますが、電子マネーはお金のやりとりを便利にするための仕組みで、円やドルなどのお金を電子データに置き換えたものです。千円で購入した電子マネーの価値はあくまで千円で、この価値は為替が円安になろうが円高になろうが変わりません。

これに対して、仮想通貨は円を電子データに置き換えたのではなく、特定の電子データを「お金として扱おう」と決めたもので、皆が欲しがれば価値が上がり、円やドルに対して高くなります。逆に皆が欲しがらなければ価値が下がり、円やドルに対して安くなってしまいます。またインターネットにつながってさえいれば国や地域を選ばず、世界中で使えます。Ｓｕｉｃａを使えるのは日本だけですから、これも大きな違いです。

では仮想通貨にはどんな利点があるのでしょうか。

最大のメリットは、今言った、インターネットにつながってさえいれば世界中で使える点です。しかも決済や送金は円やドルなどと比べてはるかに簡単で時間もかかりません。

例えばアメリカに住む子どもに親が送金する時、銀行を介して、円をドルに換え、送金すると数千円の手数料がかかります。しかも即時に送金というわけにはいきません。子どもがお金を受け取るのは早くても翌日でしょう。

これに対して仮想通貨は――例えば最も所有者・利用者が多いビットコインだと十分で送金でき、もちろん手数料もほとんどかかりません。

投機対象になりやすく値下がりリスクも

仮想通貨は良いことずくめではありません。インターネットにつながってさえいれば銀行を介さず世界中の国々に送金できる点を利用して、麻薬など違法な取引に使われている懸念が指摘されています。実際、アメリカでは麻薬などの違法薬物を仮想通貨で売買していた闇サイトがＦＢＩに摘発されました。日本でも仮想通貨を使って香港《ホンコン》から麻薬を密輸した男が逮捕されています。

さらにビットコインは最大二千百万枚というように仮想通貨の多くが流通量の上限を決めているため、皆が欲しがれば価格が高騰するので、投機の対象になりやすい性質があります。仮想通貨を「暗号資産」とも呼んだりするゆえんですが、流通量が決まっているために、逆に少し売られただけでも価格が大きく下がってしまうので、支払い手段として保有するにはリスクがあります。

二〇一七年から一八年にかけて、日本でもビットコインなどの仮想通貨の投機ブームが起こり、中には億円単位の利益を得た「億《おく》り人《びと》」まで現われたのをご記憶の方もいらっしゃると思います。この仮想通貨バブルは、不正アクセスによる仮想通貨交換業者からの仮想通貨流出事件によって、当時の仮想通貨交換業者のずさんなセキュリティー体制が明らかになったことで一気に弾《はじ》け、ビットコインなどの価格は暴落してしまいました。

とはいえグローバル化の進展に伴い、世界中を行き交うお金の量は日々増え続けています。手間もコストもかけずに国境を越えられる仮想通貨の利用は今後さらに広がっていくに違いありません。

それを見越してフェイスブックは、自らが主導する仮想通貨ディエム（旧名称リブラ）の発行準備を進めています。保有するアメリカのドルを担保に発行して、その価値を裏付け、ドルとの取引価格が大きく変動しない仮想通貨を目指し、決済手段としての普及を狙います。フェイスブックは日々利用しているアクティブユーザー数が二十七億人（二〇二〇年十月時点の数字）に達すると言われます。この膨大な利用者を中心にディエム経済圏の構築を目指しているのでしょう。ちなみにディエムのような、特定の通貨を担保にするなどして取引価格を安定させる仮想通貨をステーブルコインと呼びます。

またメガバンクである三菱《みつびし》ＵＦＪ銀行も、デジタル通貨ＭＵＦＧコインの発行準備を進めています。三菱ＵＦＪ銀行は近い将来、ＭＵＦＧコインの技術的な仕様を他の銀行にも公開する予定で、メガバンク主導で多くの金融機関を巻き込んだ強力な仮想通貨が生まれるかもしれません。

さらに日本銀行、ＥＣＢ（欧州中央銀行）など多くの中央銀行が、中央銀行デジタル通貨の発行を視野に入れて仮想通貨の調査・研究を始めています。

仮想通貨が買い物などに普通に使われるようになる日が近づいています。

パート3

【 お金の未来 】

第 15 話

仮想通貨の画期的技術ブロックチェーンが決済や取引、私たちの社会を変え始めた

ブロックチェーンとは仮想通貨での決済・取引の記録をすべて公開して、仮想通貨を持つ人全員がインターネット上で確認できるようにした技術だ。これを活用すれば金融機関が決済や取引に介在しなくてもすむようになる。仮想通貨以外でも使われ始めたブロックチェーンのノーベル賞級とも言われる画期性と可能性をやさしく解説する。

「これ、便利で面白そう！」

朝食を終え、リビングルームのソファで新聞に挟まれた広告チラシの束に目を通していた明日美が歓声を上げた。

コロナ禍で、京が最低でも週に三日は在宅で仕事をするようになって以来、朝食後、二人でソファに座り小一時間ほど新聞を読んだりお喋りをしたりするのが日課になっている。

「ねえ、これ、ちょっと読んでみて」

明日美が一枚のチラシを京に渡した。

「『助け合いネット』に参加しませんか」という見出しで、インターネットの物々交換サイトへの参加を募る内容だった。

京は興味を引かれて読んでみた。

「『氏名や住所などを登録して「助け合いネット」の会員になりますと、出品された不用品を、他の人が出品された不用品と物々交換サイト上で交換できるようになります。交渉にはサイトを運営する私どもホープ企画が間に入り、交渉が成立した後には、品物の宅配便などでの配送も代行いたします。料金は交渉が成立した場合のみ、五百円の手数料をいただきます』――確かに便利で面白そうだね。このホープ企画というのはどんな会社なのだろう？」

「チラシの下に書いてあるわよ。ここ……」

明日美が会社紹介欄を指差した。

それによれば、ホープ企画は地域の小売店や中小・零細企業の広告宣伝・販促を手伝う広告代理店で、ネット上に地元商店の通販サイトを開設して、「仮想地元商店街」をつくる事業も進めているという。事務所は同じ町内にあるらしい。

「あたし、電動アシスト付きの自転車が欲しいの。お中元にもらったお酒やワインなんかと交換してもらえるかしら？」

「コロナ禍で自宅にいる時間が長くなって、片づけをしたり不用品を処分したりする人が増えているそうだから、中には自転車を出品する人もいるかもしれないね。でも『助け合いネット』の会員になるには、氏名や住所などの個人情報を登録しなければならないんだよね。このホープ企画という会社、信用できる会社かな？」

「確かにしっかり調べないと駄目よね。ということは……」

明日美はにっこり笑った。

「京ちゃんの出番じゃない？」


その日の夕刻、いつもより早く仕事を切り上げることができた京は、チラシに書かれた住所を頼りにホープ企画の事務所を訪ねた。

ホープ企画は駅へと続く商店街の裏手に建つ、比較的新しい雑居ビルの一階にあった。

クリーニング店とドラッグストアに挟まれた間口一間ほどの小さな事務所で、注意していなければ見落としてしまいそうだった。

京は事務所から少し離れた場所に立ち、ガラス扉越しに中を観察した。

事務所にいるのは男一人、女一人らしい。二人とも三十代だろうか。パソコンのキーボードを打ったり、時おり笑顔になって言葉を交わしたりと、てきぱきと楽しそうに仕事をしている。

京は思い切ってドアを開け、「新聞チラシを見た者ですが」と言った。

「いらっしゃいませ。『助け合いネット』に登録をご希望ですか?」

男が仕事の手を止めてこちらにやってきた。日によく焼けていて、そのためだろう、口元からこぼれる白い歯がフェイスシールド越しにも爽やかに見える。

「その前にこちらがどんな会社なのか知りたいと思ってやってきたんです。広告や販促支援の仕事を主にされているそうですね」

「ええ、その通りです。こちらにどうぞ。優香《ゆうか》、会社のパンフレットを持ってきてもらえるかな」

京をソファにうながした男は腰を下ろし、名刺を出した。

「私は宇都宮真吾《うつのみやしんご》(39)と申します。当社の社長を務めておりまして、主に企画・営業を担当しています。こちらは副社長で妻の優香(34)です。経理などの事務を担当しています」

　優香がパンフレットを京の手もとに置いた。

「私たち、広告会社の大広堂《だいこうどう》の同僚だったのですが、地元など地域経済の活性化のお手伝いをしたいと二年前に退職して、この会社を立ち上げたんです」

　真吾が言った。

「大広堂と言えば大手ですよね。思い切って決断されましたね」

「やらないで後悔したくはなかったし、地元のお店のプロモーションや仮想商店街の構築には大きな可能性があると確信していましたからね」

「奥様も同意見ですか？」

「この人、言い出したら聞きませんから。それに仮想商店街の発想は面白いと思いました」

「『助け合いネット』を始めたのはなぜなのですか？」

「地元の活性化につながると思ったんです」

　真吾が答えた。

「ネットで物々交換ができれば、皆さん助かりますよね。物々交換を通して住民同士のつながりができれば、そこにビジネスのきっかけが生まれるかもしれないとも思ったんです」

「よくわかりました」

　京は真吾と優香を交互に見ながら言った。

「『助け合いネット』にぜひこの場で加入させてください」

三日後——金曜日の朝、スマホのメール受信欄を開いた京は、ホープ企画から送られてきたメールを読んで思わず「どういうこと!?」と声を上げた。

「どういうことって、どうしたの？」

明日美が書斎のドアを開けて中を覗き込んだ。

「ホープ企画の真吾さんからメールが入っていたんだ。『来週、予定していた「助け合いネット」のオープンを延期させていただきます。オープン日は今のところは未定ですが、近日中にご連絡いたしますので、それまでどうかお待ちいただければと思います。「助け合いネット」をさらに良くするための延期となりますので、どうかご理解いただければ幸いです』だって」

「まさか……個人情報だけ手に入れて、ドロンしちゃったのかしら」

「それはないと思うけれど……」

「でも、あり得ないことじゃないわよ。現にうちのマンションだって、管理会社の担当者がお金を着服してしまったかもしれない疑いが出てきているんだから。何があってもおかしくないわ」

明日美の言う通りだった。

京たちのマンションでは各戸から出た古新聞紙や雑誌、瓶、缶などを古紙・廃品回収業者に買い取ってもらい、管理費や積立修繕費の足しにしている。

先週、そのお金が帳簿上、合わなくなってしまったらしいとわかったのだ。帳簿に記載されている金額と、業者からもらった領収書を突き合わせてみたところ、記載金額は本来得ているはずの売り上げよりも一ケタ少なかったとの連絡が、マンション管理会社から管理組合の理事長に入ったらしい。

「もしかしたら入出金を管理しているマンション管理会社の担当社員が差額を着服してしまったのではないか」

理事会はそうマンション管理会社に指摘し、今、管理会社が担当社員への調査を行っているところだという。

京と明日美は今週初め、そのてん末を親しい管理組合の理事から聞いたばかりだった。他人への信頼が揺らいでいるところに、ホープ企画から「助け合いネット」開業延期を知らせるメールが送られてきたのだった。

「あの感じの良い夫婦がまさかそんなことをするはずはないと思うけれど、でも……」

一瞬よぎった疑いはいつまでも京の脳裏に残像をとどめていた。

昼食後、京と明日美はホープ企画の事務所を訪ねた。

他にも事務所を訪ねてきている人たちがいた。

どうやら「助け合いネット」に登録した人たちが説明を求めに来ているらしい。

人数は四、五人だろうか。見知った顔もガラス越しに見えた。同じマンションの住人だ。

マンションでは管理会社の不祥事が噂になっており、京や明日美と同じように疑い深くなっているのかもしれない。

京と明日美は中に入り、他の人たちから距離を取るために壁際に立った。

やってきた登録者たちの質問に対応しているのは優香だった。どうやら事務所には真吾はいないようだ。

「なぜ無期延期なんて言い出したんだ？」

「開業は未定だと言うが、目途を教えてくれ」

「社長はどこに行ったの？」

そんな質問が次々に聞こえてくる。

優香は一つひとつ、丁寧に答えているようだった。

「延期は物々交換のシステムを改良するためです。始めてからよりも、始める前に行った方が、皆さまにご迷惑がかからないかと思い、延期のご連絡をさせていただきました」

「開業がいつとは今はっきり申し上げられないのですが、システムの改修が終わればすぐに開業できますので、それほどお待たせしないかと思います」

「社長はシステム改修の件で打ち合わせに出ております」

登録者たちは何とか納得したようだった。

彼らが引き上げ始めたのを見計らって、京は穏やかな口調で優香に尋ねた。

「真吾さん、物々交換のシステムをどのように改良されようとしているのか、ご存知ですか？」

「それが……」

優香は表情を少し曇らせた。

「いつもそうなんですが、夫は私に説明するよりも前に動き出してしまうんです。ただ、登録してくださった人たちが想定よりもずっと大勢になったので、やり方を変えないと信頼を得られない……そんなことを言っていました」

「なるほど……」

京は深くうなずいた。

「真吾さん、システム改修の件で打ち合わせに出られたとのことですが、どちらにいらっしゃったのですか？」

「『リトルドラゴン』というゲームショップです。『ドラゴンコイン』の仕組みについて話を聞く予定だと言っていました」

「ドラゴンコイン！」

京は「今、下りてきました」と言った。

ホープ企画を辞した京と明日美は、その足でゲームショップ『リトルドラゴン』に向かった。

真吾は、リトルドラゴン店主の小口龍太と店内のソファで話し込んでいる最中だった。

京と明日美に気づいた小口はマスクの上の目を細めて二人に会釈した。真吾が振り返り、「あ、先日はどうも」と声をかける。

「お二人はお知り合いだったのですね」

京が真吾と小口を交互に見て言った。

「商工会や町内の活動で知り合ったんです。年齢も近いですし、飲みに行ったこともあるんですよ」

小口が言った。

「ドラゴンコインの仕組みについて、教えてもらっていたところなんです」

真吾が続ける。

「真吾さんはドラゴンコインの仕組みを『助け合いネット』に取り入れたいとお考えなんですね?」

京の質問に真吾は「その通りです」とうなずいた。

「一時期、ドラゴンコインは、その人気によって価値が上がったり下がったりする仕組みを取り入れていましたよね。その人気を測るやり方に興味を持ったんです」

ドラゴンコインはクーポン券のような価値を持ち、リトルドラゴンの店頭で売られているゲームソフトなどと交換できる。

その人気を測る仕組みはこうだった。

リトルドラゴンのホームページには、ゲームソフトなどと交換するための掲示板があった。そこに「僕が持っている推理ゲームと交換したい」などと書き込んで、誰かが応じてくれるのを待ったのだ。

リトルドラゴンの会員になった子どもたちは皆、そのやりとりを読むことができる。この結果、交換されたゲームの値段からドラゴンコインの人気と価値がわかったのだ。

「おかげさまで大勢の方が『助け合いネット』に参加してくださることになりまして、それはとてもありがたいのですが、私たちがすべての交渉を仲介して、『取引が成立しました』というお墨付きを出すのが難しくなってきたんです。そこでサイトに参加する皆が、『交渉がまとまりました』『ちゃんと配送されました』とチェックできる仕組みを作れないかと考えたんです。それができればトラブルや不正を未然に防げますよね」

「なるほど！」

京がうなずいた。

「リトルドラゴンの会員になった子どもたちが皆、ドラゴンコインとゲームを交換するやりとりを読めるように、誰もが『助け合いネット』での交渉を監視できるようにしようというわけですね」

「その通りです」

明日美が言った。

「これって、何かに似ているわ。そうだ！　ブロックチェーンよ」

「ブロックチェーンというのは、仮想通貨のビットコインに取り入れられた画期的な仕組みよ。私たちが普段使っているお金は、給料の振り込みにしてもクレジットカードでの支払いにしても、銀行など金融機関を通じてやりとりするわよね。この時、『お金をきちんとやりとりしました』という信用の裏付けになるのが、金融機関が管理する、取引を記録した帳票だわ。でも、ビットコインのような仮想通貨の取引には銀行が介在しないの。ではどうやって『仮想通貨をきちんとやりとりしましたよ』という信用を裏付けているのか。これを可能にしたのがブロックチェーンなの」

明日美はいったん言葉を区切って、続けた。

「具体的には、ビットコインのような仮想通貨を『きちんとやりとりしましたよ』という信用を裏付けるために、取引の記録をすべて公開して、仮想通貨を持っている人全員がインターネット上で確認できるようにしたのよ。例えばAさんがBさんに商品を売り、仮想通貨を受け取ったとするわ。するとこの記録がインターネット上に公開され、『確かに仮想通貨をきちんとやりとりしました。偽の情報を書き込んだわけではありません』と確認されれば、取引がなされたとインターネット上にある取引台帳に記載されるの」

「それなんです！」

真吾が言った。

「そんな仕組みを『助け合いネット』に取り入れられないかと思ったんです。でも、ビットコインのブロックチェーンの場合、誰が取引を確認するのですか？」

「そこがこの仕組みの画期的なところなのよ。誰が確認するかというと、仮想通貨を持っている人の中で、いちばん早く記録を見た人が確認できるルールになっているの。そして、最も早く記録を見て確認した人には報酬として仮想通貨がもらえるの。この結果、多くの人が積極的に確認作業に参加して、『仮想通貨をきちんとやりとりしましたよ』という信用を裏付けることになるのよ」

「よく考えられた仕組みだよね。しかもインターネット時代を象徴するような開かれた仕組みだ」

京の言葉に明日美は力強くうなずいた。

「今、このブロックチェーンを不動産などいろんな取引に利用しようという動きも出てきているの。ノーベル賞級の発明だと言う人さえいるように、これからの取引を一変させるかもしれないわね」

「真吾さんはそれを『助け合いネット』に利用しようというわけですね。さすがですね」

京は言い、真吾は照れたような顔をした。


翌週の月曜日、ほぼ一週間ぶりに出社して、オフィスで編集作業をしていた京に明日美から電話がかかってきた。

「大変なの！　例の件、誤解だったのよ」

「例の件？　真吾さんたちの件ならもうとっくに解決したんじゃないのかな」

「そうじゃなくて、私たちのマンションの話よ！　新聞や雑誌を売ったお金を、マンション管理会社の担当社員が着服しているんじゃないかって話、先月分の領収書の金額が一ケタ違っていたとわかったの」

「じゃあ、帳簿に記載された金額の方が……」

「正しかったのよ。横領なんか誰もしていなかったの。ねえ、あたしたちのマンションでもお金のやりとりにブロックチェーンの仕組みを導入した方がいいんじゃないかしら」

京は曖昧にうなずいた。

確かにその通りかもしれない。

第15話 決済や取引を一変させるブロックチェーン革命

仮想通貨の考え方が初めて登場したのは二〇〇〇年代に入ってからです。その起源はサトシ・ナカモトと名乗るエンジニアが二〇〇八年にネット上に発表した論文にあるとされています。そこには現在の仮想通貨の考え方や仕組みが記されていました。

サトシ・ナカモト氏はただ論文を発表しただけではありません。仲間のエンジニアたちとともに最初の仮想通貨であるビットコインを作り出し、少しずつ賛同者の輪を広げていきました。その原動力は、二六〇ページの解説（第14話）で説明した、国境を軽々と越えていくビットコインの利便性、国際性でした。サトシ・ナカモト氏たちはネット空間を活用して、円やドルのような既存の法定通貨を超える理想の国際通貨を創り出そうと構想し、実行したのかもしれません。

そのサトシ・ナカモト氏はかつて一度も表舞台には登場しておらず、本名なのか、そもそも個人なのかどうかさえいまだにわかっていません。日本人の名前を名乗っていますが、国籍ももちろん不明です。

しかし、ただ一つはっきりしていることがあります。それは彼が天才だったという事実です。ビットコインには、革命的と言ってもいいシステムが盛り込まれていました。宇都宮真吾が「助け合いネット」に取り入れようと考えたブロックチェーンというシステムです。

私たちが普段使っているお金は、給料の振り込みにしてもクレジットカードを使った支払いにしても銀行など金融機関を通じてやりとりされます。この時、「お金をきちんとやりとりしましたよ」という信用の裏付けとなるのが、銀行が管理する、取引を記録した帳票です。

一方、仮想通貨の取引には銀行が介在しません。その代わりに取引の記録をすべて公開し、仮想通貨の保有者全員がそれらをインターネット上で確認できるようにすることで、「仮想通貨をきちんとやりとりしましたよ」という信用を裏付けています。

しかも、その際の取引記録は、誰にも改ざん・消去できません。取引の当事者でさえ記録を変えられないようにしています。インターネットという開かれたネットワークを活用した衆人環視のシステムを構築することで、取引の透明性、信頼性、正確性を担保しているのです。

ブロックチェーンは情報の改ざんなどの不正ができない利点が注目され、不動産の取引や荷物の配送管理など様々な場面での利用可能性が指摘されています。

例えば不動産では、「不動産会社を介さずに売り手と買い手が直接不動産を取引し、ネットワークの参加者がその取引の正当性をチェックする」「政府などが管理者となって登記情報の正確性や安全性を担保している仕組みをブロックチェーンに委ねる」といった構想が検討されています。

仮想通貨がじわじわと広がる一方で、取引や決済を一変させるブロックチェーン革命も水面下では進行しているのです。

パート3

【お金の未来】

第16話

バブルはいつかまた必ず起きる 資産価格上昇が陶酔を生むメカニズムとは

一九八〇年代後半から九〇年代にかけてのバブル期、日経平均株価は一九八九年十二月二十九日の取引時間中に三万八千九百五十七円四十四銭の最高値をつけた。バブルは日本だけではない。過去、世界で何度も繰り返し起きてきた。なぜバブルが起きるのか？　日本でもまた起きるのか？　その謎を解き明かす。

渓谷に沿ってなだらかに湾曲する山道を下りきると、山裾の斜面に建つ数棟のリゾートマンションが見えてきた。

それらはどれも肌色、空色、薄紫色と鮮やかな色合いで、午後の陽光に照らされた淡い緑の山肌によく目立つ。

「素敵！　まるで別世界ね」

後ろの座席に座る明日美が歓声を上げた。

「ここが見直されている理由がわかるでしょう？　冬はスキー、夏はキャンプなどのアウトドアを楽しめるのよ」

助手席の風見《かざみ》さやか（60）が言った。さやかは明日美のクライアントだ。

「あなた、この地域には何棟ぐらいのマンションがあるんでしたっけ」

「たしか約百棟だったかな」

さやかの質問に夫の昇太《しょうた》（64）が運転しながら答えた。昇太は証券会社の元役員で今は顧問を務めている。

「ほとんどはバブル期の建物なのですね？」

京が昇太に聞いた。

「その通り。それだけに中には今では考えられないほど豪華な建物もあるよ。これから行く、我々のマンションもその一つなんだ」

京と明日美が風見昇太・さやか夫妻に連れられてやってきたのは中越地方の山深いリゾート地だ。

この地域には、一九八〇年代後半から九〇年代にかけてのバブル期を中心に百棟近いリゾートマンションが建設された。もともと温泉が豊富なスキーリゾートとして知られていた上に、一九八〇年代初頭の新幹線開通が呼び水になったのだ。

それらのマンションはバブル崩壊後に資産価格が暴落し、中には廃墟《はいきょ》のようになってしまった建物もある。

しかし数年前から、引退したシニア世代が価格の下がったマンションの部屋を購入して移住する動きが出てきていた。

そんなシニア世代を狙って、複数のリゾートマンションを所有するスノータワー社が地元の広告会社と組んで、

「バブルへ時間旅行《タイムトラベル》！」

と銘打った移住者誘致キャンペーンを展開し始めたという。

「それでね、来週の土曜日と日曜日、さやかさんが言うには、バブルの頃に後戻り《タイムスリップ》したような豪華イベントがキャンペーンの一環として開かれるんだって。さやかさんが『一緒に行かない？』と言うのよ。さやかさん夫妻はそのマンションの所有者《オーナー》なんだって」

明日美がそんな旅行の話を京に持ちかけたのは先週のことだった。

「どんなイベントなんだろう?」

「それは行ってからのお楽しみだって」

京と明日美は好奇心を刺激されて、風見夫妻の誘いに乗ったのだった。


昇太の車は、渓谷を見下ろす広壮なマンションの敷地内に入っていった。

マンションは、ドームの形をした三、四階建ての建物を挟んで背の高いマンションが二棟並び建つツインタワーで、宮殿を思わせる豪奢《ごうしゃ》な玄関に、

「バブルへゴー・イベント」

の垂れ幕が掲げられている。

今夜、開催される豪華イベントだ。


午後六時、マンション一階にある巨大な吹き抜けのロビーが暗転し、ミラーボールが回転し始めた。

バブル期に流行したと聞いたことがあるユーロビートの音楽が鳴り響き、ロビー中央の一段低くなったホールで、これまたバブル時代を思い出させる肩の張ったスーツ姿の女性たち十数人が踊り出す。

七色の光が交錯する照明や、ミラーボールの鮮やかな光彩は、これまでに見たことがな

いほど華やいでいる。

「バブルへゴー・イベント」とは、どうやらバブル期のディスコを再現するイベントのようだ。

コロナ禍でダンサーたちは全員フェイスシールドをつけているが、それ以外は衣装も踊りも、ニュースなどでバブル期を振り返る時に流す映像にそっくりだ。

京と明日美は、昇太・さやか夫妻とともに、ホールの四隅を取り囲む緩やかな階段上の場所に腰を下ろした。

四人ともすでにいったん部屋に入り、軽装に着替えている。

京と明日美には渓谷を正面から見下ろせるゲストルームが用意されていて、大浴場で旅の汗を流し、部屋でくつろいだ後、ロビーに集合したのだった。

音楽が穏やかな曲に変わった。

それに合わせてスパークリングワインやオードブルの盆を持ったウェイターたちがやってきて、三十人ほどの見物客の間を縫って歩き出る。

これもバブル期の様式なのだろうか。もっともウェイターたちが全員フェイスシールドをつけ、飲み物のグラスにも料理の深皿にもプラスチックの蓋が取り付けられているのはコロナ禍ならではの光景だ。

見物客の中から一組、また二組と踊りの輪の中に入る人たちが出てきた。

「すごいわ！　バブルの頃は本当にこんな感じだったのかしら」

明日美が感極まった声を出した。

「かもしれないね。バブル期をよく知っている会社の幹部たちは、『毎日が祭りだった』と言っていたから。クラブ……当時のディスコでは夜な夜なこんな宴《うたげ》が開かれていたんじゃないかな」

「羨ましいなあ。昇太さんもバブル時代はイケイケだったんじゃありませんか？」

明日美に突然話を振られて、昇太は、

「まあ、今からすれば良くも悪くもとんでもない時代だったね」

と微苦笑を浮かべたが、すぐに真顔に戻った。

昇太の視線の先に、しゃれたジャケットに身を包んだ高齢の男性がいる。

男性は昇太に気づいたらしく笑顔を浮かべてこちらにゆっくりと近づいてきた。

「ちょっとトイレに……」

昇太はそう言い残し、慌ててその場を離れた。

京は逃げるように遠ざかる昇太の後ろ姿と、立ち止まって昇太を目で追いかけている男性を交互に見た。


ウェイターたちが提供するアルコールの酔いも手伝って、ディスコイベントは最高潮に達していた。

京も明日美も音楽に合わせて体が自然に動いてくる。

トイレから戻ってきた昇太も立ち上がり、体を揺すり始めていた。周囲の見物客も音楽に合わせて踊り出している。

先ほどの男性が再び昇太に近づいてきた。

男性は笑顔で昇太に挨拶した。

昇太は硬い表情のまま会釈する。

男性は昇太に話し始めたが、音楽にかき消されて聞こえない。

昇太はうなずき、何か言葉を発した。

再び男性が何か言い、昇太が否定するように手を振って、一歩後ずさった。

「あっ！」

昇太は体勢を崩したのと同時に鋭い声を発した。

京が見たのは、点滅する照明に照らされてコマ送り写真のように階段を転げ落ちる昇太の姿だった。

さやかの悲鳴が大音量の音楽と交錯した――。

昇太の怪我《けが》は肘と肩の打撲だけだった。

階段から転げ落ちたことを考えれば、幸いだったと言えるだろう。マンションの従業員がすぐに医者を呼んでくれたのもありがたかった。

「頭の後遺症の心配もないと思いますが、今晩は安静にしていてください。何かあったら当病院にご連絡ください。当直の医師がいますから」

医者がそう言い残し、マンションの上層階にある昇太・さやか夫妻の部屋を辞した後、さやかは、

「あなた、警察に言った方がいいんじゃないの？」

とベッドに横たわる昇太に言った。

「あなたに声をかけてきたあの男に押されたんでしょう？　あたしにはそう見えたわ」

「昇太さん、実際のところはどうだったのですか？」

京も昇太に聞いた。

「よく覚えていないけれど、そう言われてみると、そんな気がしないでもないな。誰かに押されたのでなければ、あの場所で体勢を崩すはずはないからね」

京と明日美は顔を見合わせた。

「僕が遠目で見ていたところでは、あの男性が笑顔で昇太さんに挨拶して、何かお話をされていましたよね。どんな内容だったのですか」

「いえ、ただ挨拶を交わしただけです。『久しぶりですね』とか、『元気にしていましたか』

とか、ごくありふれた言葉を二言三言……」

「あの男性とはどういうご関係なんですか？」

明日美が聞いた。

昇太はしばらく迷ってから「彼は私の顧客でした」と言った。

「バブル時代の顧客です。末次志郎《すえつぐしろう》（70）さんと言って、レストランやバーなどの飲食店を経営されている方でした。私は彼に株式投資を勧めて、それこそ毎週のように『この会社はいいんじゃないか』『ここは儲かりますよ』と銘柄を紹介しました」

「バブルの頃は儲かったでしょうね」

京が言い、昇太がうなずいた。

「ええ、株価が右肩上がりの時は、すべて私の言う通りになり、本当に面白いように儲かりましたよ。それで私たちは調子に乗ってしまったんです。やがて私は末次さんに信用取引を勧め、彼は身の丈をはるかに超える莫大なお金を動かすようになりました。多額の借金をして、株につぎ込んだのです。そして……バブルの崩壊です。株価は大暴落し、末次さんの借金は雪だるま式に膨らんで、最後には持っている資産をすべて失いました。経営していたレストランもバーもご自宅も手放さなければならなくなったんです」

「昇太さんは、末次さんが近づいた時、避けるようにしてトイレに向かわれましたね。もしかしたら昇太さんは、末次さんが自身を恨んでいるかもしれないとお考えなんですね」

「その通りです。末次さんにしてみれば、私にけしかけられなければ、資産を失うことはなかったのですからね」

「昇太さんに危害を加えたい動機が末次さんにあってもおかしくないわけですね」

「恨まれても当然なんです。私が末次さんに信用取引を勧めなければ、レストランもバーもご自宅も手もとに残っていたのですから」

昇太は悔恨を顔に浮かべて天井を見上げた。


風見夫妻の部屋を辞した京と明日美は一階に下り、ロビーの奥にあるラウンジバーに入った。

すでにイベントは終了し、ロビーはひっそりとしていたが、数組の客がラウンジでくつろいでいる。

その中に末次志郎がいた。

末次は妻らしき女性と話をしている。

京の視線に気づいた末次は会釈して立ち上がり、こちらに近づいてきた。

「風見さんご夫妻とご一緒でしたよね。風見（昇太）さん、お怪我は大丈夫ですか？」

末次は心底、昇太を心配している様子だった。

京が肘と肩の打撲だけだったと告げると、大きくため息をつき、「良かった」と言った。

「末次さんは昇太さんの顧客だったそうですね」

「ええ、バブル期のね。今となっては懐かしい日々です」

「『末次さんは自分を恨んでいるかもしれない』……昇太さんはそうおっしゃっていました」

末次はうなずき、往時を思い浮かべるように遠い目をして言った。

「確かに彼を逆恨みしたこともありました。彼が私を調子に乗せるから、私は無謀な投資にのめりこんでしまったんだと責任転嫁した時期もありました。でも数年が経ち、事業が再び軌道に乗り始めたころから、こう思うようになったんです。『いい勉強をした』とね」

「いい勉強……ですか？」

「もしよろしければ私どもの席にいらっしゃいませんか」

末次は京と明日美を自分たちのテーブルに招いて妻の慶子《けいこ》（68）を紹介し、京と明日美が飲み物を注文するのを待って、話し始めた。

「勉強をしたというのはこういうことです。人はバブルの渦中にいる時、これがずっと続くかのように錯覚してしまうようです。とりわけバブルの熱狂に踊っていると、いつかは弾けるという当たり前のことをすっかり忘れてしまうんです。私だけではなく周囲の知人たちも皆、一緒でした。もしかしたら、これは人の性《さが》かもしれませんね。だからこそ熱狂の渦中にいる時には、人はことさらに冷静かつ客観的に自分の立ち位置を観察しなければならない――私はそう学びましたよ」

「『事業が再び軌道に乗り始めた』とおっしゃいましたが、末次さんは今はどんな事業をいとなんでいるのですか」

「バブルが弾けてから数年後に再び飲食事業に挑戦したんです。フレンチの感覚を取り入れたヌーベルシノワ（新しい中華料理）を出すレストランとカフェを始めました。おかげさまで昨年はバブル前の売り上げをついに上回りました。今はコロナ禍で逆風を受けていますが、黒字は維持しています。これも調子が良い時ほど些細《ささい》なことに気を配るべきだというバブル期の教訓のおかげですね」

昇太は遠い目をしてワインを飲んだ。

「あの時……昇太さんが階段で体勢を崩した時、昇太さんがどんなご様子だったか教えていただけますか」

京の質問に末次は首をひねった。

「それがとくに変わった様子はなかったんです。ただ……ただ……」

「ただ……何でしょう？」

「私の錯覚かもしれませんが、彼が自分から前に倒れ込んだようにも見えました」

末次夫妻に挨拶してラウンジを辞し、ロビーに出た京はディスコイベントが行われたホールを階段の上から見下ろした。

末次が押したのではないとすると、昇太はなぜ体勢を崩して転落したのだろうか。

末次の話だと、昇太は自分から前に倒れ込んだようにも見えたという。

京は照明器具やミラーボールが設置された天井を見上げながら、昇太が倒れた時のことを思い出した。

イベントは佳境に入り、天井の照明は踊る女性たちの影を向こうの壁に投げかけていた。

「もしかして……そうか！」

京はきょとんとする明日美に、

「何かが下りてきました」

と言った。

翌朝、京の呼びかけで京と明日美、昇太、さやかの四人がホールの階段近くに集まった。

京がマンションの従業員に合図するとカーテンが下ろされてホールが薄暗くなり、天井の照明が灯った。

京にうながされ、明日美が階段を下りてホールの床に立った。

ホールの壁に明日美の影が映し出される。

「昇太さんは昨晩と同じように階段の途中に立ってください。そして向こうの壁に映る明日美の影を見ていてほしいです。それからさやかさんは昇太さんの脇に立って、昇太さんの体を支えていてください。ではいきますよ」

京はマンションの従業員に「お願いします」と声をかけた。

ミラーボールが回り出し、照明が照らし出す対象を一点に絞って光を当てるズームインと、広い範囲に光を当てるズームアウトを繰り返す。

それにつれてホールの壁に映る明日美の影が大きくなったり小さくなったりする。

昇太の体がぐらつき、支えるさやかの腕に力が入る。

京が合図して、照明が消え、カーテンが上がった。


狐《きつね》につままれたような顔をしている昇太に京は言った。

「昇太さんは壁に映る明日美の影を見ていました。そして照明がズームイン・ズームアウトをするごとに、昇太さんの視野の中の明日美の影は大きくなったり小さくなったりしました。そうでしたね？」

昇太はうなずいた。

「人は視野の大部分を占める映像が急に大きくなると、自分が前のめりになったと錯覚してしまうそうです。逆に映像が急に小さくなると、後ろに倒れているんじゃないかと勘違いしてしまう。そして錯覚したまま、無意識に体を立て直そうとします。そうすると、どうなりますか？」

「体勢を崩してしまう」

「その通りです。昨日、末次さんと言葉を交わした昇太さんの視界には、壁に映るダンサーたちの影が映っていたはずです。その時、照明がズームアウトして影は小さくなった。昇太さんは自分が後ろに倒れているんじゃないかと錯覚し、ほとんど無意識のうちに体を立て直そうとしてよろけてしまったんです」

「そんなことがあるんですか……」

驚く昇太に京は続けた。

「昨晩、知人の心理学者に電話で問い合わせたところ、こういう錯覚は日常、時々起きるそうですよ。遊園地にあるビックリハウスも原理は同じだと言っていました。揺れるブランコに乗って、家自体を回転させると、お客の視界に映る家の内装が回転し始めます。その結果、お客は自分がぐるぐる回っているのだと錯覚して、驚き、焦ってしまうんです」

「つまり自分が前のめりになったり、後ろに倒れそうになったりすること自体が実は錯覚なのだと、本人には気づくことができないのね」

明日美が階段の下から言った。

「何だかバブルに似ているわね。その渦中にいると株価や土地の値段が永遠に上がり続けると思い込んでしまう。実はそれは錯覚なのだけれど、渦中にいる人たちは自分が錯覚していることに気づけない」

午後、京と明日美は昇太・さやか夫妻の車でリゾートマンションを後にした。

遠ざかるその威容は、国道に出てしばらく走ってからもよく見えた。周囲に建つマンションも含めて、今では背伸びしすぎにも見える豪華な外観は、バブルの遺産と言っても過言ではないだろう。

「バブルの最中《さなか》にいた人たちは、多かれ少なかれ昂揚《こうよう》していたんでしょうね。思ってもみなかった豊かさを味わえて、きっと楽しかったんでしょうね」

明日美が後ろを振り返りながら言った。

「またいつかバブルがやってくるかもしれないね。僕たちは心のどこかでバブルの昂揚感を味わいたいと思っているはずだから」

京が言った。

振り返れば、バブルは過去、何度も繰り返し起きてきた。

十七世紀前半のオランダで起きたチューリップバブルでは、球根が投機の対象となり、今の金額に換算すると一つで何と五百万円もの高値で取引された。一九二九年に起きた世界大恐慌の直前にも個人投資家による証券バブルが発生して、一九二九年九月の株価は三年前の二倍にも高騰していた。

それらが生じた直接のきっかけはそれぞれだ。しかし根っこには「バブルは永遠に弾けないかもしれない」という錯覚と昂揚が共通してあったに違いない。

「もしかしたらそんな束《つか》の間《ま》の錯覚が人々をバブルの虜《とりこ》にさせるのかもしれない」

京はそう思ったのだった。

第16話　十七世紀から繰り返し起きたバブル、次は来年？

バブルと言うと、多くの人は一九八〇年代後半から九〇年代初めにかけての日本のバブル景気を思い起こすでしょう。地価や株価などの資産価格が高騰し、日経平均株価は一九八九年十二月二十九日の取引時間中、三万八千九百五十七円の最高値をつけました。

過去を振り返ると、バブルは世界中で繰り返し起きています。十七世紀前半のオランダで発生したチューリップバブルはその最初の典型例として知られています。

十六世紀後半、地中海東部の国々から西欧にもたらされたチューリップは、その美しさや物珍しさから熱狂的な支持を得て、球根の価格が際限なく上がっていきます。一六三〇年代半ばには、「球根一つで新しい馬車一台、馬二頭、馬具一式と交換できた」と言われるほどです。球根の価格はやがて一部の投資家が売りに転じたことで下落し始め、一六三七年に暴落してバブルは終わりました。後に残ったのは財産を失ったおびただしい数の投資家たちです。

第二次世界大戦の遠因となった一九二九年の世界大恐慌もバブルとその崩壊がもたらしたものです。黄金の二〇年代と呼ばれた一九二〇年代、アメリカは史上空前の繁栄を謳歌《おうか》しました。陶酔は投機への熱狂を生み、株価は高騰していきます。

しかし熱狂が頂点に達した一九二九年十月二十九日、これ以上は上がらないと見た投資家が売りに転じたことから株価は大暴落しました。金融機関の経営が悪化し、製造業などの実体経済も深刻な打撃を受け、史上類を見ない経済的災厄がもたらされたのです。

なぜバブルは繰り返されるのでしょうか。

経済学の巨人とも称された経済学者のジョン・K・ガルブレイスは主著『バブルの物語――人々はなぜ「熱狂」を繰り返すのか』で、バブルが崩壊した後には必ず金融機関トップや為政者など犯人探しが始まるが、その真因は他ならぬ投資家自身の熱狂にあると指摘します。「根拠が薄弱な楽観論を信じ込み、目先の利益に目が眩《くら》んだ大衆の熱狂こそが、常軌を逸した投機をもたらした」と言うのです。

資産上昇がバブルに転じる起点が投資家の陶酔にあるのだとしたら、投資家が存在する限り、バブルは今後も必ず起きるでしょう。なぜなら資産価格が際限なく上がっていくかに見える局面では、投資家は容易に陶酔してしまうものだからです。

もしかしたら次のバブルは近いかもしれません。コロナ禍に見舞われた二〇二〇年、日本やアメリカ、EUなどが新型コロナ対策に投じた財政支出総額は少なくとも十一兆ドル（約千百兆円）に達しました。コロナ終息とともに経済活動への制約が解かれ、景気が上向く過程で、それらのお金が株などのリスク資産にさらに流れ込み、株価などをいっそう上昇させる可能性は拭えません。

ガルブレイスはバブルに踊らされないためには、高度な懐疑主義を持つことだと言いました。私たちは株価が急上昇するのを横目に「いつかは暴落する」という冷めた目を持てるでしょうか？

パート3

【お金の未来】

第17話

「時間」が「お金」になるコトコト交換 キャッシュレスの次は「お金が消える?」

お金にはお金ならではの役割があった。お金がない世界での物々交換を考えてみよう。物々交換には「A氏がB氏の持ち物を欲しいと思い、B氏がそれをいらないと思う」かつ「B氏がA氏の持ち物を欲しいと思い、A氏がそれをいらないと思う」という二重の一致が必要だ。こんな偶然は稀なので何にでも交換できるお金が必要だったが、今やインターネットが二重の一致を実現してくれる。お金の存在意義が揺らいでいるのだ。

「何があったの？　仕事が手につかないみたいね。さっきも同じ体勢で浮かない顔をしていたわよ」

ドアをノックして書斎に入ってきた明日美が、パソコンの画面をぼんやり見つめている京に言った。

京は今日、昼食の時から物思いにふけりがちだった。

自分の部屋で仕事をしていた明日美は気になって時々、京の様子を覗きに来た。さっきまでは黙って様子を窺うだけだったが、どうやら好奇心を抑えられなくなってきたらしい。

「会社で何かあったの？」

「フリーライターの安井功一（33）くん、覚えているかな？」

「たしか、お金持ちに反感を持っていた人でしょう？　富裕層についての企画を一緒に担当したのよね？」

「『金融資産一億円以上！　富裕層の素顔』という企画をね。そのおかげで富裕層への反感はだいぶ収まってくれたけれど、それとは別にまた問題を起こしてしまったんだ」

「どういうこと？」

「安井くん、僕たちとはもう仕事したくないと言い出したんだ。『マネーライフ』には書きたくないって」

「穏やかじゃないわね」

「今朝、編集部の定例アイデア会議をオンラインで開いたんだ。安井くんのようなフリーライターも参加する会議なのに、彼、『編集部の会議にはもう参加しません』というメールを僕と編集長に送り付けてきて、会議をすっぽかしてしまったんだ」

「何があったのかしら」

「その理由が、どうも僕にあるらしいんだよ」

「どういうこと？」

明日美が目を見開いた。

「富裕層の企画で、僕は編集者として、安井くんが取材・執筆した原稿の内容や表現についていろいろ指摘したんだけれど……」

京は安井とのやりとりを思い返した――。

「この『金持ち』という表現は僕たちの雑誌らしくないね。やはり『富裕層』の方が『マネーライフ』らしいよ」

「そうですかね」

「『お金のあり方が揺らいでいる』とあるけれど、『揺らいでいる』というのはどうかな？確かにキャッシュレス決済とか仮想通貨とかが出てきたけれど、お金のあり方が揺らいでいるわけではないんじゃないか？」

「そうですかね」

「それと『今のマネー社会にまったく疑問も抱かず』とか『今のお金のあり方を信じきっていて』とか、全体的に皮肉っぽい表現が多いな」

「皮肉のつもりではないんですけれどね」

「皮肉に聞こえるよ。まるで今のお金の仕組みが揺らいでほしいみたいな印象だ」

「揺らいでほしいのではなくて、揺らぎつつあるように僕には見えるんです」

「その見方が『マネーライフ』らしくないんだよ」

安井はどうやらこのダメ出しが気に入らなかったらしい。

京と編集長に送り付けてきたメールには、

「『マネーライフらしさ』を押し付けるような編集者には違和感を覚えます」とあった――。

「それで？　安井さんのこと、放っておくの？」

明日美が聞いた。

「そうはいかないよ。扱いにくいところはあるけれど、取材力はあるし、何よりもこの仕事に熱心だからね」

「それでこそ京ちゃんよ。あ、そうだ！　もう一つ話があったのよ」

明日美はいったん部屋を出て、新聞の折り込みチラシを持ってきた。

「『助け合いネット』で『物々交換サイト』を運営しているホープ企画が、また面白いことを始めたの。これ、読んでみて」

明日美がチラシを京に渡した。

ホープ企画が新規サービスを始めるというチラシだった。ホープ企画は宇都宮真吾（39）・優香（34）夫妻の広告会社だ。

京はチラシを読み始めた。

「『私たちは、会員の皆さまが出品された不用品を、サイト上で交換できる『助け合いネット』を運営しています。このたび、会員の皆さまが『できるコト』『やれるコト』を交換する『コトコト助け合いネット』を開業します。例えば会員の方が、別の会員の方のお掃除を一時間手伝ったとします。その会員の方は、別の会員の方から一時間、例えば『ある料理の作り方を教えてもらう』権利を獲得します。このようにして、私どもホープ企画が間に入って『助けてもらいたい人』『教えてもらいたい人』と、『助けてあげる人』『教えられる人』のマッチング（仲介）を行い、皆さまの助け合いの輪を広げていきます。料金はいただきません。サイトは広告収入で運営していく予定です』……面白いね。モノの交換から、コトの交換か」

京は真吾の言葉を思い出した。

真吾は「住民同士のつながりをつくっていきたい。つながりができれば、そこにビジネスのきっかけが生まれるかもしれない」と言っていた。『コトコト助け合いネット』も住民同士を結び付ける活動の一環なのだろう。

「あたしも会員になってみようかな。できるコト、やれるコトは何でもいいんだって。ほら、ここに書いてあるわ。『語学や音楽、ヨガのレッスンでもペットの散歩でも何でもかまいません。どんなコトでも十五分助けてあげれば十五分、一時間助けてあげれば一時間、助けてもらえる権利を得られます』。つまり『コトコト助け合いネット』の中では『時間』がお金代わりになるということよね」

明日美が言った。


翌朝、京は希望が丘駅近くの喫茶店で安井と会った。

時間通りにやってきた安井の態度やフェイスシールド越しの顔つきはいつもと変わりがなく、頼んだコーヒーを飲みながら、

「いい天気ですねえ。仕事しないで一日中のんびりしていたいですね」

などと呑気なことを言った。

しかし「編集部に戻ってきてくれないか」と京が切り出すと、安井は表情を硬化させ、

「今はそのつもりはありません」

と、にべもなく言った。

「なぜ？　僕が君の原稿にダメ出ししたのが気に入らなかったのかな？」

「それだけじゃありません。もっと根が深いです」

「どういうことかな?」

安井はコーヒーを一口飲み、意を決したように続けた。

「この際だからはっきり言いますと、このままだと『マネーライフ』は時代の流れから取り残されてしまうと思ったんです」

「よくわからないな。僕たちの雑誌の何が問題なんだろう?」

「今、お金のあり方がどんどん変わっていますよね。キャッシュレス決済が当たり前になり、仮想通貨も少しずつ広がっています。この先、極端に言えば、今の形でのお金が無くなってしまうことだってあるかもしれません。そんな変化の時代に、天ノ川さんが言うような過去の『マネーライフ』らしさにこだわっていたら、いずれ読者から見放されてしまいかねない。僕はそう思っているんです」

「お金が無くなるって、どういうことかな?」

京はきょとんとしながら聞いた。

「考えたこともなかったんですか?」

「意味がわからないな」

安井は残念そうな表情を浮かべた。

「天ノ川さん、何だか変わりましたね。前はそうじゃなかったのに……」

その日の昼前、釈然としない思いを抱え、編集作業のためオフィスに出社した京に、編集長の塩谷《しおや》俊作《しゅんさく》（42）が、

「話がある」

と間仕切りで囲った打ち合わせ用のテーブルに来るように指示した。

「良くないニュースがあるんだ」

塩谷はマスクの上にある眉根を寄せ、細面の顔を歪めるようにして言った。

「もしかしたら『マネーライフ』は廃刊になるかもしれない」

京は思わずパイプ椅子から腰を浮かした。

「でも部数は伸びているし、利益も出ていると言っていましたよね」

「部数は微増、利益も微々たるものだが出ているよ。でも、そういうことじゃないんだ。『内容がマンネリ、新味に欠けて、冒険もしない』と発行人も含めて経営幹部がおかんむりなんだよ」

「廃刊は本決まりなんですか？」

「いや、正式に決定されてはいない。しかしそういう話があるんだ」

塩谷は冷たい目で京を見つめた。

「『マネーライフ』が廃刊になったら、君は編集から外されることになるかもしれないぞ」

京の背中を嫌な汗が伝った。

「その話、本当なの？」

明日美がパソコン画面とにらめっこしながら京に聞いた。

「それは編集長がそう言うんだから」

「でも正式決定ではないんでしょう？　そんな段階で平《ひら》の編集部員の京ちゃんに言うものなのかなあ」

明日美はマウスを操作しながら首をひねった。

「それは……きっと僕はそれだけ編集長から信頼されているんだよ。だから敢えて話してくれたんだと思う」

「そうかなあ」

明日美はパソコン画面から目を離さない。

京は気になって画面を覗き込んだ。

明日美はホームページの記入欄に氏名や仕事について書き込んでいる。何かの申し込みフォームに記入しているらしい。

「明日美、何をしているの？」

「あたし、『コトコト交換サイト』の会員になろうと思うの。ネットで家計のアドバイスをしてあげて、それで得た時間で、あたし、英会話を教わろうと思っているのよ」

京は昨日、明日美が「コトコト交換サイト」の会員になりたいと言っていたのを思い出した。

そう言えば明日美はこうも言っていた。

「『コトコト助け合いネット』の中では『時間』がお金代わりになるということよね」

時間がお金代わり……。

「待てよ」

京は安井の言葉を思い出した。

安井は言った。

「今、お金のあり方がどんどん変わっていますよね。キャッシュレス決済が当たり前になり、仮想通貨も少しずつ広がっています。この先、極端に言えば、今の形でのお金が無くなってしまうことだってあるかもしれません」

京は明日美の書斎を出て自分の部屋へ行き、本棚から昔の取材ノートを引っ張り出した。

パソコン雑誌からマネー雑誌への異動が決まった時、お金についての知識に乏しかった京は金融や投資・運用について専門家にいろいろ教えてもらった。その時のノートだ。

京は金融の仕組みに詳しい経済ジャーナリストへの取材メモを記したページを開いた。

彼はこう言っていた。

「近い将来、お金のあり方が大きく変わるかもしれません。もしかしたら、マネーレスつまり『お金が無くなる』コミュニティーだって、出てくるかもしれませんよ」

京は言っている意味が理解できず、ポカンとして経済ジャーナリストの顔を見つめていた。

「にわかには信じられないでしょうね。もちろん極論です。あくまで仮説というか、思考実験に過ぎません。ただ、インターネットの普及でお金の役割が揺らぐ可能性はやはり否定できないと思うんです」

「お金の役割が揺らぐ……ですか？」

「どういうことかというと、お金がお金として成立し、流通するためには、お金を使う人たちが、『他の人たちもこのお金の価値を認めてくれる』という確信を持っていなければなりませんよね。少し難しい言葉を使うと、誰もがそのお金の価値を信じ、そのお金を受け取ってくれるという一般受容性への信用が必要になります。そしてこの信用を、円やドルなどの通貨はそれぞれの国が保証しています。しかしご存知の通り、ビットコインのような仮想通貨は国が信用を保証してくれているわけではありません。ブロックチェーンという画期的な仕組みに後押しされて、インターネットのコミュニティーの中で仮想通貨への信用が育まれていったんです。つまり信用は国の専売特許ではないことがわかってきたんです。これだけでも革命的と言ってもいい変化ですよね」

「はあ……」

「さらにもう一つ、お金にはもともと『欲望の二重の一致を不要にする機能』があるのですが、これもインターネットによってお金の専売特許ではなくなっています」

「『欲望の二重の一致を不要にする機能』……？」

「どういうことかと言いますと、そもそも、お金を介在させない物々交換には、『A氏がB氏の持ち物を欲しいと思い、B氏がそれをいらないと思っている』だけでなく、『B氏がA氏の持ち物を欲しいと思い、A氏がそれをいらないと思っている』という二重の一致が必要ですよね。それがなければ物々交換は成立しません。ここまでは理解できますね？」

京はうなずき、経済ジャーナリストが続けた。

「こんな二重の一致が起こる可能性は奇跡と呼べるほど低いです。そこで何にでも交換でき、誰もが欲しがるお金が必要だったんです。しかし、今はどうでしょうか？　インターネットの普及で、二重の一致は奇跡ではなくなりました。インターネット上では無数の人たちが結ばれていますからね。それを考えると、今後、スマホ決済などによって売り手と買い手がインターネットで結ばれていけば、やがて物々交換や知識・労働の提供など、お金を用いない取引が拡大していく可能性はあるんですよ。もちろんこれはあくまで一つの予測ですよ。とはいえ、すでにインターネットの仲介機能を活用した物々交換サイトや、サービスやモノの対価として自らの知識や労働を提供するサイトも登場しています。お金だけが取引の手段ではなくなりつつあるのです」――。

京はノートに書かれた取材メモを読みながら、生唾を呑み込んだ。

安井は原稿に「お金のあり方が揺らいでいる」と書いた。京はそれを頭から否定して書き直しを指示した。

京は自分がマネー雑誌の編集者としてすっかりベテランになったと思い込み、若いフリーライターの斬新な発想や問題意識を無視してしまったのだ。

マネー誌の常識にすっかり慣れ切ってしまい、変化に目を向けなくなっていたのだろう。いや、変化には薄々気づいていながらも、無意識にそれを拒否していたのかもしれない。

安井が今朝、喫茶店で、残念そうな顔をして、

「天ノ川さん、何だか変わりましたね。前はそうじゃなかったのに……」

と言ったのを思い出した。

「何かが下りてきました」

京は独りごちた。


翌日、オフィスに出社した京は編集長の塩谷を昼食に誘った。

場所はオフィスに近いカフェだ。

ミックスサンドイッチと日替わりのサンドイッチをそれぞれ注文した後、京はポケットから封筒を出して、塩谷に手渡した。

塩谷が訝しげな顔をした。

「今の僕の気持ちです」

塩谷は細面を歪めた。

「まさか……君……会社を辞めるだなんて言うつもりでは……」

カフェのドアが開き、安井が姿を現わした。

京はここだと手を挙げると、

「あれ⁉　ご一緒だったんですか？」

安井は塩谷を見て驚いた顔をした。

「僕が誘ったんだよ」

京が安井に言った。

安井が席に着き、注文するのを待って、京は塩谷に封筒を開けるよううながした。

塩谷が恐る恐る封を破き、中の紙切れを取り出す。

「特集企画のアイデアか！　『お金の未来』……ほう！」

「キャッシュレスのその先にあるかもしれないマネーレスについても考察したいと思います」

塩谷は一読し、目を細めた。

「天ノ川くん、君、もしかして俺たちの意図を？」

「やはりそういうことだったんですね？」

京はにっこり笑った。

「『マネーライフ』廃刊の話は編集長の芝居だったんですね。安井くんにも一枚噛んでもらったんでしょう？」

「まあね」

塩谷はうなずいた。

「ただし、発行人から『冒険を恐れるな』と説教されたのは本当なんだから悪く思わないでくれよな」

「もちろんです。それどころか感謝しています。僕はいつの間にか『マネーライフ』の古株みたいなつもりになって、パソコン雑誌から『マネーライフ』に異動してきた時の新鮮な気持ちを忘れていました。『「マネーライフ」らしくない』だなんて安井くんの原稿にダメ出ししたり、とんがった企画に挑もうという意欲を忘れてしまったり。お金のあり方はどんどん変わっていると言う安井くんの言葉と、『もしかしたら「マネーライフ」は廃刊になるかもしれない』と言う編集長の荒療治で、大事なことを思い出しました。お金もまた僕たちや僕たちの社会と一緒で、時代とともに変わっていくものなのですよね」

塩谷も笑顔を浮かべて、

「そういうことなら、この特集、天ノ川くんと安井くんとでやってもらおうか」

安井が嬉しそうにうなずいた。

昼食後、さっそく京は安井と特集企画のための打ち合わせを行った。

取材先を選定している時、京はふと真吾・優香夫妻が始めた「コトコト交換サイト」にも取材してみようと思いついた。

それだけではなくて僕自身、会員になってみようか。

「でも僕にはどんなコトができるだろう？　謎解き指南？　引き合いはあるだろうか？」

第17話

お金が消える？「時間通貨」が映すお金の未来

宇都宮真吾が始めようとしていた「コトコト助け合いネット」――「助けてもらいたい人」と「助けてあげる人」のマッチング（仲介）サイトには実は元ネタがあります。インターネット上で流通し始めている「時間通貨」です。

「時間通貨」とはその名の通り、時間を通貨に見立ててインターネット上で流通させるアイデアです。例えば英語圏に住む若者が英会話を習いたい日本人に一時間オンラインで英会話のレッスンを行うと、彼は一時間分の「時間通貨」を得ることができ、それを使って別の誰かから知識や技術を授けてもらえるようになります。

世界ではすでに、百十カ国以上、数万人もの人たちが利用しているタイムリパブリック社の「タイムコイン」など、いくつもの「時間通貨」が流通しており、独自のネットワーク経済圏を形作っています。

ちなみにタイムリパブリック社の創業者であるガブリエレ・ドナティ氏は「時間は誰にとっても平等であり、『時間通貨』を溜め込んでも使い切れなくなるだけなので、誰もが積極的に利用するため、今よりもずっと格差のない経済圏を創造できる」と主張します。拡大する貧富の格差を解消するための「時間通貨」という発想は興味深いですね。

このような「時間通貨」が流通できるようになったのは、言うまでもなくインターネットのおかげです。インターネットがない時代には人と人のマッチング（仲介）は難しい、時には困難な課題でした。物々交換や知識などのコトコト交換をしたくても、それぞれが相手のモノあるいはコトを欲しいと思う人たちを探し出し、結び付けるためには、膨大な手間と労力が必要でした。だから何にでも交換でき、誰もが欲しがるお金が必要だったのです。

しかしインターネットの普及によって、私たちはその困難な課題を軽々と乗り越え、今やお金がなくてもモノやコトを交換し合える独自のネットワーク経済圏を形成できるようになりました。その象徴が「時間通貨」という画期的なアイデアの実現だと言えるでしょう。

ではこの先、お金にはどんな未来が待っているのでしょうか？

私たちは今後、流通するお金がそれぞれ異なる、複数の経済圏を行き来して生活するようになるのではないでしょうか。国内での買い物の決済には現金あるいはキャッシュレスを用い、海外のサイトで直接、買い物をする時にはビットコインのような仮想通貨を利用し、「時間通貨」を使って世界中の人たちとの間で知識や技術を提供し合う、といった生活です。

もちろん円などの法定通貨の制度は精緻・堅牢《けんろう》かつ合理的ですから、そう簡単には揺らがないでしょう。むしろ既存の通貨制度を補完する形で新たなネットワーク経済圏が次々に生まれ、私たちはそれぞれの価値観に応じて参加する、そんな多面的な経済・消費活動が近い将来、始まるのではないでしょうか。

装幀　鈴木大輔（ソウルデザイン）
イラスト　早川世詩男
DTP　中村文（tt-office）

本書は、三井住友銀行のマネーの総合情報サイト「Money VIVA」
（https://money-viva.jp）に連載された作品を元に大幅に加筆、修正し、
新たに書き下ろしを加えたものです。

Kadokawa Haruki Corporation

渋谷和宏

知《し》っておきたいお金《かね》の常識《じょうしき》

*

2021年3月18日第一刷発行

発行者 角川春樹
発行所 株式会社 角川春樹事務所
〒102-0074 東京都千代田区九段南2-1-30 イタリア文化会館ビル
電話03-3263-5881(営業) 03-3263-5247(編集)
印刷・製本 中央精版印刷株式会社

ISBN978-4-7584-1371-8 C0033
http://www.kadokawaharuki.co.jp/